ちくま文庫

聞書き 遊廓成駒屋

神崎宣武

筑摩書房

目次

二章　道具からみた「成駒屋」　79

三章　娼妓たちの人生　173

聞書き　遊廓成駒屋

序章　名古屋中村「新金波」にて

いま、私は、名古屋中村（中村区）のソープランド（特殊浴場）の一室にいる。一室とはいっても、浴室ではない。玄関わきの殺風景な小部屋に、先ほどから、もう小一時間も居すわっているのである。

店名は、「新金波」――。

そこは、奇妙な造りの部屋であった。

そもそも、「新金波」の建物自体が奇妙なのである。

表こそモルタルで整えられている。しかし、屋根には銀鼠色《ぎんねずいろ》の素焼瓦《すやきがわら》がのっている。それを支える軒柱《のきばしら》は、檜材《ひのきざい》を磨《みが》きあげた年代ものである。それと、玄関の赤いペンキを塗った円柱や星の文様《もんよう》を散りばめたアクリル製のドアとは、まったくそぐわない。

看板もアクリル製で、「新金波」の店名は白地に赤の切りぬき文字。肩に、文字がはがされたまま三文字分の余白がある。以前は、そこに「トルコ」という片仮名文字が記されていた。なんとも、見栄《みば》えのしない看板である。

それでも、その看板がなければ、その建物の素性《すじょう》は、なおわかるまい。

ドアを押して内《なか》に入る。

石を飛び飛びに埋めこんだコンクリートのたたき、褐色に染まった檜の柱、それよりも黒く煤《すす》けた網代天井《あじろてんじょう》。装飾のつもりなのだろう、玄関の左わきに、枯れて久しい竹林と、それに比してどぎつしい朱塗りの小橋が設けられている。川にみたてた小石敷には一滴の水気もない。

だだっ広い空間は、寒々しくも感じられる。華やいだものがない。たとえば、そこに何組かのテーブルとシートを置き、セピア色の照明でも当てたら、そのまま古きよき時代のカフェーが再現できるのではないか。そう、どうやら、そんなたとえがいちばんふさわしい。BGMの琴の音も、弱々しくかすれがちであった。

玄関の右側には、受付けがある。腰高の位置に小さな窓、肘《ひじ》をつくのがやっとの狭いカウンター。病院の受付けとも風呂屋の番台とも違う。映画館の切符売場とも競馬場の馬券売り場とも違う。すべて対面がかなうほど開放的でもなく、かといって、指先だけの受渡しに限定するほど閉鎖的でもない。

小窓の奥に、小部屋がある。

スチール製の机と椅子が一脚。それに、三人がすわれる色あせたソファーがひとつ。ほかに調度品はない。

机の上に、黒い旧式な電話とジュラルミン製の安っぽい灰皿が置かれている。わき壁に、上下二段八枚分の名札板《なふだ》がある。そこに白木《しらき》の名札が六枚。源氏名《げんじな》を記した筆文字は、世辞にも上手とはいいがたい。名札板の下方に、円形の黒いベークライト製のスイッチが横一列に八つならんでとりつけてある。

部屋は、掃除《そうじ》はゆきとどいているものの、全体に古色《こしょく》が漂っている。

時計は、四時（午後）を指していた。

私は、色あせたソファーにすわっている。

目の前の椅子には、ひどく小柄な老婆がすわっている。

老婆は、歳のころ七五、六。茶縞の単衣《ひとえ》を着ていた。帯も、体にあわせて半幅物《はんはばもの》である。しゃきっと着こなしている。もっとも、襟元《えりもと》に汗よけの布を巻いていたりする。それも、だらしないというほどのものではない。

頭髪をきれいにすいて、うしろで束《たば》ねている。顔は浅黒く、皺《しわ》深くしぼんでいる。

その風貌は、そう、あの豊臣秀吉の肖像画を連想させるのである。

それにちなんで、ここでは、仮名を〝お秀さん〟とする。

お秀さんは、やおら袂《たもと》から煙草《たばこ》をとりだし、使い捨てライターでカチッと火をつける。浅黒く、皺深く小さな手。左手の薬指に、不つりあいとも思える太い金の指輪が光る。

他人から見られることを、十分に意識して紫煙をはく。老いてはいるが、その体姿に隙がない。どこか、はしっこさを残している。

お秀さんは、かつて中村が遊廓として栄えていたころからずっと水商売にたずさわってきた。遊廓の時代は仲居《なかい》をしており、遊廓が廃止されてからのちは特殊浴場（かつてトルコ風呂、現在はソープランド）の経営にたずさわってきた。

――私は、お秀さんの話に耳を傾けている。

お秀さんは、けっして声高には話さない。つぶやくように、ささやくように話す。そうすることで、慎重に相手をはかっているのかもしれない。随所に、言葉尻が微妙にはねあがる名古屋方言の癖がでる。そのたびに、お秀さんは、上目づかいにチラッと私を見るのである。

「暇ですわの。店を開けて、もう一時間もたつのに、お客さんが一人も入らんで……。ああ、だめ、だめ。夜になっても、同じようなもんだわの。中村のトルコ（ソープランド）は、軒並み景気がようないわいの。とくに、最近は、客足が鈍い。みんな、岐阜の金津園《かなづえん》のトルコに流れてしまうんだわ。

お客さんからすると、もっともなことじゃろうね。私がいうのも何だが、名古屋は、何やかや規制が厳しいし、サービスの内容の割に値段が高いじゃろうから……。私なんか、昔の遊廓でもそうじゃったから、少々年増《としま》ではあっても情のある女の子となじんでくれるお客もきっとあると思うんだがね、このごろの客は、どうもそうじゃあないみたいじゃわの。若い娘《こ》の、西洋人のように破廉恥《はれんち》なセックスがいいらしい……。時代の流れって、恐ろしいもんだね。

それと、もちろん、ごらんのとおりの設備が、いまの時代の商売感覚からはズレるんだね。遊廓のころの建物がなまじ立派じゃったばっかりに、建物をそのまんまにとりあえずの転業のつもりで私らはズルズルとトルコをやってきたんですもんの。トルコをやるんだったら、遊廓時代とまるっきり別な商売感覚でやらねばいけん、ということは私らにも、もうようわかっている。この中村でも、代がかわったり、新しくできるトルコは、建物から設備を一新して近代感覚でやってなさるわの。じゃが、それは、ほんのわずかです。

そうです、それには理由もあるんだわ。

あんたも知ってのとおり、遊廓がなくなったのが昭和三三年ですわの。中村ではあのとき、ほとんどが、建物はそのままに、旅館かトルコに転業しとるわいの。放っぽらかして廃墟になってるところもあるが……、まあ、ほとんどが旅館かトルコ。ここ（新金波）も、建物の骨組みは、昔のまんま。部屋も畳をあげて、そこに防水の床《ゆか》をはって、湯ぶねを置いただけ。あとは、壁をビニールクロスにしたり、コンクリートの廊下をタイルばりにしたり。まあ、ところによっていろいろじゃが、結局、どこもが木造部分を強化したうえで、表面をはりかえたという程度なんです。

なぜかといえば、よその遊廓のことはよう知らんが、中村遊廓は、昭和三三年の売防法（売春防止法）のときに組合員がみんな集まり、組合長の久米さんを中心にして善後《ぜんご》策《さく》を協議したことがあるんだわの。そのとき、売防法は恒久《こうきゅう》的なものではない、一時的な暫定《ざんてい》措《そ》置《ち》じゃろう、やがて解除されるに違いない、という意見が大半をしめたんですわいの。それで、とりあえずは名楽園組合というとった遊廓の組合組織を新名楽園として、また陽の目をみるようになるまでをしのいでいこう、と考えたんです。

それで、建物を売却したり、とりこわして転業するよりも、その暫定措置と判断したあいだ、このまま建物を利用して、一時的な転業をはかるのが得策じゃろう、と、ほとんどの人がそう考えたわけですがの。中村は、昭和になってからの新開地じゃから、建物もしっかりしとるから……。

しばらくは、それでよかったんだわの。トルコも料理旅館も、それなりにお客さんが入ってくれて繁昌したんです。

もう、だめだね。料理旅館なんか、もうほとんどが店をたたんでるでしょう。隣の四海波《しかいなみ》だってそうなんだから……。

私なんかがいうのは変じゃが、中村は、時代に乗りおくれたんだね。

全体に、中村のトルコも遅れとる。よくわかっとるんだけど、私らには、これをまた建てなおして金津園のようにまっさらにする元気は、正直なところもうないわの、もう……。私だけじゃあないがの、遊廓の延長でトルコをやる、もうそんな時代は終わったんだわの。

遊廓をしまうときの判断を間違うた、時代を読み違えた、その結果がいまの中村ですよ。これからどうなるか、私自身は、覚悟もできとるんだわの。私が店に出れんようになってから、それでも娘にあとを継いでやれ、とはとてもようい わん。

お客さんが来んようになると、女の子も集まらんわいの。とくに、このごろの若い娘《こ》は、金にならんと思うと、一日でおらんようになってしまう。いや、いや、義理を人情をというのじゃないですよ。じゃがの、簡単におらんようになるんだわの。ああ、連絡も挨拶もなしに……。借りてやっとるマンションに行ってみたら部屋はもぬけのから、あきれてしまいますがの。

このごろは、女の子を集めるんも容易じゃあないんだわの。昔のように口入れ屋がおるわけじゃあなし、新聞募集で来る娘《こ》はしれてるで……。じゃから、部屋が全部ふさがらんのよ。ほれ、そこの名札も二枚たりんでしょう。

ああ、ああ、あんたにも部屋にあがってってくれとはいわないよ。前に会《お》うたときは、ちょっと商売気をだしてそういってからかったが、もう、あんたはお客さんじゃあないですがの。こんな裏まで見られてるんだもん。

じゃがの、そこから見て、気に入った娘《こ》があったらあがってくれてもかまわんですよ。みんな、お茶ひいてる（客がついていない）から……。

おーい、誰か、お茶をだしてくれんかね。いや、いや、遠慮することないですがの。どうせ、暇なんだから……」

お秀さんが声をかけたところは、控室である。当時はトルコ嬢といわれていた接客女性たちの控室であった。

お秀さんのいる受付けの部屋と控室は、続いている。あいだには腰高の開き戸があるだけ。ときどきに、トルコ嬢たちが出入りするのが見える。彼女たちの制服は、白い半袖の上着とパンツである。それに、サンダルばき。

彼女たちは、一見したところ、さほど若くはなかった。

それでも私には、彼女たちの裸足《はだし》がまぶしかった。目のやり場にこまる、というほどでもなかったが、やはり気恥ずかしい。彼女たちも、私の前では雑談などしない。目があっても会釈《えしやく》を送るだけで、無言である。ベンチにすわって足を組み、ひたすら無関心を装いながら、週刊誌を読んだり編みものをしたりしている。それでいて、けっして無関心であろうはずがなく、お秀さんと私の会話に耳をそばだてている気配が伝わってくる。

そこに、奇妙な静けさがあった。

私は、お秀さんから、遊廓が盛んだった時代の話を聞きたい、と思っていた。

名古屋中村は、かつては日本最大級の遊廓としてにぎわったところである。大正一二（一九二三）年に旭《あさひ》遊廓（それまでは、現在の名古屋市の中心地である旭地区に遊廓があった）が移転されてから昭和三三（一九五八）年に売春防止法が実施される（それによって遊廓が廃絶する）までの間、中村遊廓の名は全国的に知られていた。

その遊廓の跡に、現在の特殊浴場を中心とした風俗営業の街がある。

お秀さんは、中村遊廓のできた当初からその廓内で働き、遊廓廃絶後も特殊浴場を経営している、中村という「まち」を知りつくしている得がたい語り部なのである。

「あんたも、もの好きな人ですの。こんなところまで何度も足を運んで、私のような無学な婆さんから昔話を聞き漁《あさ》ろうとするなんて……。

もう、だいたいは話したでしょうがの、遊廓のことは。

えっ、私のこと……？

恥ずかしいことばかりで、あんまり話すことがないですがの。まあ、ほんとのこと、いいましょう。

私は、旭（中村に移転する前の旭遊廓）で育ったんです。四海波《しかいなみ》（遊廓）の権田晴三（経営者）が私の母の兄で、そう、つまり私の伯父で、母も、結婚したあとも何やかやで四海波を手伝ってたんだわの。じゃから私も、子どものころから遊廓の世界は肌に感じて知っていたわけです。

旭遊廓は、中村に比べると、そりゃあ古めかしい遊廓でした。だいいち、道路が狭うて、建物も小そうて、ごちゃごちゃと建てこんでいる感じじゃったわの。それでも、玄関の柱や二階の手すりなんかには漆《うるし》が塗ってあったりして、それなりに風格がある建物もありました。

そう、石畳もありました、大須《おおす》観音《かんのん》に通じる道筋には……。

旭遊廓は、みんな張店《はりみせ》。格子《こうし》の内《なか》に、お女郎さんが赤い着物《べべ》きて、顔にお白粉《しろい》を塗ってすわっていたわの。そうですがの、いまからいうと、時代劇の世界です。でも私なんか、子どものころ通りに出るとしかられたから、張店をのぞいたというても、うろ覚えだけですがの……。

はっきり覚えているのは、遊廓が旭から中村に移るころです。大正一〇年ごろ、私が一三か一四（歳）のときじゃった。

四海波の伯父が、この人は豪傑肌で、絶対に日本一の遊廓を建ててやるんだという て、朝早うから晩まで建築の現場に居すわって大工仕事の指揮をしてたんだわの。それで、私が昼の弁当を運ぶ役目となって、毎日、旭から中村まで通いました。そう、電車（市電）に乗って駅まで来て、駅からは歩くんですがの、下駄はいて……。

そのころは、駅からこっち（中村側）はえらく淋しいところで、田圃《たんぼ》ばっかり。道も泥道です。その田圃のなかに、カンカンと金槌《かなづち》の音が響いていました。よう覚えていますがの。

だいたい、一年か一年半ほどで中心部はできたように思います。大きくて立派な建物で、とくに四海波なんか立派じゃったから、前に立っただけでも木の香がぷーんと漂っていたもんです。私も、子ども心に、中村に行くと、何やら晴れやかな気分になりましたわの。

そりゃあ、遊廓がどんなことをするところか、一〇《とお》も過ぎるとわかっていますがの。でも、私なんかは、一族郎党が遊廓をやってるんだし、不思議でも何でもありゃあせん。これも商売じゃ、と思うとったから……。

で、遊廓が中村に移ってからは、そう私が一五ぐらいから、ごくあたりまえのこととして四海波で働くことになったんですがの。

下子《したこ》奉公《ほうこう》、というても伯父のところじゃから、ふつうの奉公人よりは加減があったんじゃが、それでも母がひととおり苦労した方がいいというて、働くことになったんですわの。

下子というのは、まあ、女中働きをするんです。飯を炊いたり、部屋や風呂場の掃除をするのがおもな仕事。そのほか、使い走りやら、いろいろ雑用があったですわいの。水仕事が多いから、冬のあいだ中あかぎれやらしもやけやらで手がこないにはれて……。ほれ、いまでも小指なんか、こんなに曲ったままでしょうが。しもやけがひどくてね、嘘じゃないがの、指まで曲ってしもうた。

そうしているうちに、四海波は、金波（楼）と銀波（楼）を分家した。それで、母が金波をあずかることになったんですがの。

私は、母の手伝いで、まあ歳は若かったけど、仲居をすることになった。

そりゃ、仲居の方がいいですがの。使われる身にかわりはないけど、年季《ねんき》じゃあありません。自前で働ける。水仕事や台所仕事もないし、仕事というと、客あしらいと娼妓《こども》の管理。客と娼妓《こども》をつないで、店がうまいこと儲《もう》かるように立ちまわる役目だわな。やりてババアとよくいうでしょう、あれは仲居頭《がしら》のことで、店先に出て客を引く。客を引くだけでなく、実際は娼家《みせ》をきりまわす役目なんだわの。ほかに、平《ひら》の仲居が何人かいて、客が座敷にあがるまでの世話や、座敷にあがってからあとの客や娼妓《こども》からの飲みたいとか食べたいとかの注文をとりついで賄《まかな》ってやるような、それぞれの役目があるんです。

まあ、主人とか番頭さんの力も大きいが、遊廓がうまくゆくかどうかは、仲居の力が大きいんです。客とのかけひき、女郎さんへのしめし……、出すぎてもいかんし、引っこみすぎてもいかん。むずかしいけど、いま考えてみると、おもしろい仕事じゃったわの。客と娼妓《こども》を裏で操縦《そうじゅう》する、その手練手管《てれんてくだ》が、ほんとうは遊廓を支えてきたんではないかいの。これ、自慢じゃなしに、そう思いますよ。

待遇も、そこそこ悪くはなかったわの。給金はともかく、客や娼妓《こども》たちからの心づけもあるから、まあまあ実入《み》りもよかったわけです。

もう、私の話は、いいでしょうがの。

隠すつもりはないですがの。私の人生は特別におもしろいというものではなかったし……、私のような醜い女でも、なにかのおかげがあったのか娘を産みはしたが、結婚生活というほどの経験もしてないし、私の人生に色も艶《つや》もなかったわの。体と同じように、ちまちまっとした一生じゃったように思いますの。

そうです、仲居には向いていたようです。ずっと金波（楼）におって、戦後（昭和二〇年が終戦時）すぐに三〇（歳）代で仲居頭になりましたから。まあ、三〇代でも、この顔じゃから、相当に老けていましたがの……、フッフッフッ……。まあ、三〇年も。二十歳《はたち》すぎから五〇まで、ずっと遊廓の仲居をしていたことになりますかの、三〇年も。まあ、そうしていたから、いまでも、この歳でトルコ（風呂）がやっていけるんでしょうがの。そうです、そういえば、いまでも仲居頭のような役をやってるんだわの、お客さんと女の子の仲介じゃから……」

お秀さんは、小さな背をさらに丸め、声をひそめるように話す。

売春防止法（昭和三三年実施）のとき、お秀さんは四五歳であった。「四海波」は旅館に、「金波楼」と「銀波楼」は特殊浴場に転ずることになった。そこでも、引き続き一族の主だった者が経営にたずさわることになった。わがお秀さんは、年老いた母親にかわって、特殊浴場の実務経営者としてその手腕をふるうことになったのである。

四時四〇分。口あけの客が入ってきた。

受付けの小窓からは、客の腹と胸しか見えない。着古した背広とネクタイが見える。

お秀さんが、くるりと向きをかえて、いらっしゃいませ、と客の顔を見定めることもなく頭をさげる。私に対するときとうってかわって平ったくとおる声である。

ご指名は、というお秀さんの問いかけに、客は、聞きとれないほどの澄まし声で答える。指名はない、と答えたらしい。それを受けて、お秀さんは、まことにきびきびと手際よく商談をまとめてゆく。入浴料を受けとり、X子さーん、と控室をふりかえってトルコ嬢の出番を告げた。

控室からX子さんがタオル一式を抱えて出ていった。

やがて、客とX子さんが二階客室へと、階段をあがってゆく。ミシッ、ミシッと床板のきしむ音が聞こえてくる。遊廓の木造建築を再利用している、といった先ほどのお秀さんの話が、納得できるのであった。

客が入ってきたのを機に、私は、腰をあげることにした。

今度は、お秀さんも引きとめなかった。

背後で、控室の女性たちが、ホッと緊張感をとく気配がした。

一章　中村遊廓との遭遇

遊廓を知らない世代のロマン

私は、ここで遊廓の世界を描きたい、と思っている。

ところが、遊廓は、私がまだ見ぬ世界である。そして、もう二度と見られない世界なのである。

昭和三一（一九五六）年、売春防止法（俗に売防法という）発令。昭和三三年、施行。私は、昭和一九（一九四四）年生れである。そのころ学童であった。実際に、遊廓を知るには少し幼すぎた。

昭和三三年三月、私が中学一年生を終えようとするころのことである。私の郷里は、吉備高原《きびこうげん》上の山村（岡山県小田郡美星町。昭和三〇年までは川上郡日里村といっていた）で、当時はバスの開通はあったものの、新聞やテレビなどの情報がまだ十分に入らない状況にあった。しかし、売春防止法の施行については、一部の青年たちは敏感であり機敏であった。四月から売防法によって遊廓が廃止されるということは、以前からも彼らの話題にしばしばのぼっていたようである。

それを私が知りえたのは、中学生になると青年の予備軍的な扱いをうけていた時代だったからである。それ以前の民俗例に示す若者組（若衆組）の組織や習俗は私の郷里ではすっかりなくなっていたが、各集落ごとに年齢階梯《かいてい》的なグループが何層かあり、いむら社会のなかでそれが果す役目が暗黙のうちにきまっていた。たとえば、私の家がある本村《ほんむら》という集落での中学生たちのもっとも大きな役目に、拍子木をたたき「火の用心」をとなえて夜警をすることがあった。まさに、消防団を形成する青年の予備軍の感があった。遊ぶことに関しても、他の集落の同級生と遊ぶことはもちろん頻繁にあったが、年齢を多少隔てても同じ集落の同世代の者がまとまって遊ぶ習慣が根強くあった。そして、学校を離れてからの行動は、ひとつ上の世代（この場合は青年）に従うことがしばしばあった。たとえば、私は中学校の野球部に所属していたが、また同時に、本村の青年組の野球の練習や試合にかりだされることもあった。

そのあたり、現在の子どもたちの世界とはいささか違っていたように思える。学校と地域社会とのつながりが密接で、かつ重複していた。

だから、私たちは中学生でありながら、ひとつ上の世代の青年たちが熱っぽく、あるいはひそひそと話す遊廓の世界を、おぼろげに想像することができたのである。

そればかりか、遊廓が廃絶する直前の三月某日、青年たちが自転車を連ねて高原を下《くだ》り、約二〇キロも離れた港町笠岡《かさおか》（笠岡市）の遊廓に出かけてゆくのを見送った。そこに、中学校を卒業したばかりの（あるいは、卒業式前だったかもしれない）、私より二歳上の青年予備軍の者も二、三人含まれていたように思う。

春の陽がうららかな昼さがり、じつに奇妙な風景であった。

彼らは、そろって野球帽をかぶっていた。たしか、一人が六〇〇円ずつを握りしめていた。その金額は、いわゆる一寸間《ちよいま》（ショートともいった）の値段だったはずだが、私は、なぜか「六〇〇円」を鮮明に覚えている。

そして、なんとなくのうらやましさも胸をよぎったものである。

かくして、私にとっての遊廓は、永遠《とわ》に夢想の世界となった。しかし、それだけに興味のつきない世界ともなっていった。

ここで、念のため、いっておかなくてはならないことがある。

私は、けっして、遊廓の存在を是とする立場をとるのではない。ただ、お秀さんのように往時の廓内にいた人たちから聞きえた話から、事実を事実として素直に記したい、と思っている。実際に遊廓を知らないがゆえの短絡的な見込みは避けたいことでもあるし、かといって道徳的な規範をもって歴史的事実から目をそらしたくもない。そして、体験を通じて語ることがもっとも信憑性《しんぴょうせい》があることは明らかだが、体験至上主義にこりかたまることもないと思っている。飽くなき好奇心もまた、事実を知る手だてともなるであろう。

文献もたどらなくてはならない。

さらに、売春防止法によって遊廓が廃絶されて以後に生じた各種の風俗営業との比較も必要となるだろう。

——しかし、私が未知の遊廓世界を追跡しようという作業は、けっしてやさしいことではなかった。

各地に遊廓跡があるが、そのうちのどこを目安にすればよいか。その選択からしてがむずかしい。あのときからも、何度作業を中断したことだったか。

あのときというのは、私がより具体的に遊廓の世界に興味をかりたてられて接近をはじめたときである。遊廓の世界を追跡することは、所詮《しょせん》間接的な作業にしかすぎないが、私は、あのとき、よりたしかな手ごたえを得ることができたのである。

名古屋駅裏の猥雑《わいざつ》さ

それは、いまから一〇年以上も前、昭和五二（一九七七）年五月のことである。

以下、しばらく、あのときの情景を追憶する。

その日、私は、ある陶芸家と名古屋駅で会うことになっていた。約束の時間は、午前一〇時。

しかし、私は、朝六時すぎに名古屋駅に着いた。なぜ、そんな早い時間に着いたのか、そこへ夜行列車で行ったのか、夜行バスで行ったのか。もうはっきり覚えがないが、とにかく、夜がしらじらと明けるころ、名古屋駅についた記憶がたしかにある。

もちろん、約束の時間には十分に間があった。そういうとき、私は、できるだけ周辺《あたり》を散策することにしている。それが、なかば習慣化している、といってもよい。なにも、歴史的に由緒のある名所旧跡や、ひなびた農山漁村だけが、散策におもしろいとはかぎらない。たとえ、それが新興の都市《まち》であっても、そこにさまざまな人びとの暮しが織りなされ、それなりの生活相がみられれば、私には十分に楽しいことなのである。

そこで、名古屋駅の界隈《かいわい》を歩くことにもなった。

大都市の駅の周辺がほとんどそうであるように、名古屋駅の表と裏では、そのまちが織りなす様相がはっきりと違っている。そのことは、以前から、車窓から眺めるだけでも、私には気になるところであった。

大阪方面に向って右手、つまり駅の東側には、新聞社やデパート、あるいは一流ホテルや商社など大きなビルが林立し、幅広い直線街路には、自動車がひしめいている。そして、駅前通りとその両側にならぶビルの地下には、地元の人でもときには迷うほど大規模な地下街が続いている。近代都市の華やかに装った表情が、そこにうかがえる。

一方、駅の西側（駅裏）には、近年になってようやくビジネスホテルなどが建ちはじめたものの、概して古い木造の商店や大衆料理屋が多い。近代的とはいいがたい駅裏の町並みである。屋台《やたい》に毛がはえたとしかいい表わせないような酒場や、どうみてもいかがわしい旅館など、終戦直後の闇市《やみいち》さえ連想させるような一画もある。

だが、そのあたりが、なお私の気をひくところであった。

私は、あまりにも人造的すぎて無機質な都会の表通りには、さほどの興味を感じない。少々、雑駁《ざっぱく》で猥雑《わいざつ》な、都市の裏面に目が向いてしまう。つまり、市場とか下町、盛り場と呼ばれるところの雰囲気が好きなのである。そこを徘徊《はいかい》するのも、自ら趣味としかいいようのない楽しみのひとつになっている。

ただ、二、三年前（昭和六〇年前後）あたりから、この周辺も少々様がわりしつつある。それまでよりは、急速な変化をみせている。ようやく大手のデパートやホテルが進出しはじめ、まるで原宿・青山を思わせるいま感覚の商品のディスプレイが、そこに若者たちを集めるようになってもいる。しかし、そうした近代的なビルも若者の姿も、まだ旧来の駅裏の風景になじんではいない。

そのとき、駅裏のロータリーあたりは、人影がまばらであった。酒場やパチンコ屋の周辺には、むろん人影がない。

閑散としたその一帯をぬけ、駅を背にして通りを西下すると、間もなく鮮魚市場（椿魚市場）や、乾物・漬けものを扱う市場がある。そのあたりは、早朝にもかかわらず、人と軽トラックが集まっている。野球帽をかぶり長靴をはいた男たちと、割烹《かっぽう》前掛《まえかけ》をかけモンペをはいた女たち。忙しそうに商品を並べる者、それを眺める者、そしてドラム缶の焚火《たきび》を囲む者。朝の息吹《いぶき》を感じさせる卸し市場である。

買いもの客らしい姿は、ほとんど見あたらない。

市場は、まだ十分に目ざめてはいなかった。

そして、そこを通りぬけようとする旅行者の私は、彼らのいくぶんかうつろな、それでいて十分にけげんそうな眼差《まなざし》を浴びなくてはならなかった。市場の見学はあとにまわすことにして、私は、足早に通りすごすことにした。

市場に隣接して、アーケードのある小規模な商店街（駅西銀座）がある。ちょうど私鉄沿線の駅付近で見かけるような小さな店舗が、それでも通りにそってずらっとならんでいた。ただ、酒屋、薬局、洋品店、食料品店など、いずれも建物は古く、全体に色あせてみえる。食堂や喫茶店にいたっては、ちょうど昔のカフェーを思わせる蝶番《ちようつがい》をつけた扉の店もある。いわゆる高級店なるものは、皆無に等しい。もちろん、まだどの店も閉まっていて人の気配はない。車の往来も少なく、駅の近くとは思えないほどの静かさであった。

二〇〇メートルあまり行き、アーケードの尽きたところで大きな交差点（則武本通《のりたけほんどお》り）にでた。そこを横ぎり、さらにまっすぐ西へ向う。

そのあたりから、私は、奇妙な町並みに入ったことに気づいた。

まず、交差点の右手角《かど》に「中村大劇《なかむらだいげき》」というストリップ劇場があった。蛍光塗料によるどくどくしい看板が掲げられているが、映画館から転じたのであろう建物は、かなり老朽化している。そのはす向いには、薬効を半紙に墨《すみ》で黒々と書いて表の格子戸一面にベタベタとはっている、何ともあやしげな漢方薬店がある。いや、正確には、当時はそうであった、というべきか（つまり、現在はその漢方薬店はなく、その跡に「中村大劇」が移転し、以前劇場があったところにはスーパーマーケットができている）。

そのあたりからは、飲食店が多い。が、いわゆる飲み屋街といったふうではない。道路は、あくまで幅広く（ゆうに二車線はある）、まっすぐに通じている。その両側に、飲食店があるので、風景とすれば散漫な感じがする。

木造二階建、表に姿石と小さな植えこみのある料理屋。同じような造りで、料理旅館の看板を掲げた店。色あせた暖簾《のれん》や旧式な行灯《あんどん》をかけたうどん屋やそば屋など。二、三の喫茶店は、さすがにそれらしく改装しているが、それでもなかには、木製のガラス戸に「ミルクホール」と白いゴチック文字を縦に記した時代がかった店もある。たとえば、そのあい間に点々とあるビューティサロン（美容院）や薬局・時計店などに比べると、それらの飲食店は、いかにもさびれてみえる。流行《はや》っている、とはとても思えない。

旧遊廓の建築群

朝の七時、まだ通りに打ち水もない。まちが、眠っている。

むろん、人影はまばらである。

駅方面に急ぐ勤め人なのだろう、足早に通りすぎてゆく。高校生は、横着そうに自転車をこいでゆく。犬を散歩させている婦人は、パジャマの上にカーデガンを羽織っただけ、むろん化粧気はない。だが、駅のロータリー付近で見かけた労務者ふうの男たちの姿は、この界隈《かいわい》には見られない。

ささやかながらの生活臭がある。

さらに行くと、鳥居のかたちに似た大きなアーチにでくわした。駅から歩いて、ちょうど一五分ぐらいのところである。

アーチそのものは、特別珍しいものではな

特殊浴場に転業した洋風ファサード（昭和期の建築）

いが、それをぐると、さらに町並みが一変する。

巨大な遊廓建築の群

目の前に、一般の民家や商家より、ひとまわりもふたまわりも大きな建物群があった。

全体に、黒々とたたずんでいる。

いずれも入母屋《いりもや》造りの木造総二階建、いぶし瓦葺《がわらぶ》き。平均して平入り形式の間口《まぐち》は一〇間（約一八メートル）、奥行は五間（約九メートル）もあろうか。一階の通りに面した窓には格子《こうし》がはめられている。二階の窓には、欄《らん》間《ま》のような切りこみに橙《だいだい》色や緑の色ガラスをはめこんだ手《て》摺《すり》がついている。建物の中央には、威風堂々とした太鼓《たいこ》屋根《やね》の玄関があった。

一見、歌舞伎座風でもあり、玄関に関していえば銭湯風でもある。奇妙なことに、そうした建物には、看板や行灯《あんどん》などの表飾りがほとんど見られない。

そして、一方には、玄関まわりに小さな白っぽいタイルをはりめぐらした洋風の、しかも、うらさびれてなおもどくどくしい感がする二階建の大きな建物もある。通りに面した窓は、少し大きめの丸窓である。その窓に色ガラスがはめこまれている。

建物の基本的な構造はそのままに、玄関まわりだけがタイルやモルタルで改装・彩色されているものもある。そこには、「〇〇トルコ」という看板（ネオンボード）がかかっていた。

その隣も、またその一軒おいた隣も同様である。その先にはまた歌舞伎座風のままの建物が続く。そのなかの何軒かには、旅館の看板がかかっていた。

いずれもが、いかにもいかがわしい雰囲気をもった建物なのである。

そこには、まことに異様なまちがあった。

新旧の要素が入りまじっているものの、融合しているとはいいがたい。早朝のせいか人通りはまったくない。たとえば、みそ汁の香りがたちこめるような朝の生活感もない。そのことがいっそう建物の大きさと、うらさびれた雰囲気を強調する。

私は、しばらく茫然《ぼうぜん》とたたずんでいた。そうだったように思える。

非現実的だった。

まるで、映画のセットに迷いこんだような錯覚におちこんでいった。

そこが、「名古屋中村」であった。

中村遊廓の残照がそこにあった。

私は、はやる気持ちを一方にもちながら、なかば夢遊病者のように歩を進めていた。

時刻は、八時を少々まわったころだった。

バリバリバリッ。突然、静寂をやぶって、ある一角から大きな音が聞こえた。

私は、思わずそちらの方向に向けて足早になった。

その音は、ある一軒の建物のなかから聞こえてきた。

それは、表通りに面した大規模な旧遊廓の建物の典型で、木造二階建、表に格子がかかっている。しかし、妻入《つまい》りの形式で間口は四間、その中央に太鼓屋根がせりだした玄関がある。

入口に向って右脇に男松が一本。そこに、もうもうと土けむりがたっていた。表のコンクリートのたたきに、ガチャンという音がひびき、瀬戸物のかけらがとび散った。建物のなかから投げだされたのである。

しかし、建物のなかは、人が住んでいる気配がなく、がらんとしていた。ひえびえとしたかび臭い空気があった。

私は足を止め、のぞくともなくなかに向って声をかけた。

その声に驚いたのか、なかのもの音がぴたっとやんだ。すぐに、男が二人出てきた。

一人は大がらな男で、青い長そでのシャツに作業ズボンという姿。ズボンの裾《すそ》は、藍《あい》色の長足袋《ながたび》（鳶《とび》足袋）のなかに入れてしぼっている。そのせいで、膝が異様にふくらんでみえる。もう一人は、うすよごれた白のワイシャツに作業ズボン、それに地下《じか》足袋《たび》をはいていた。

大がらな男の方が私に近づいてきた。みるからに頑強で、いかつい表情の男である。しかし、からだとは不つりあいに、声はふしぎなほどやさしかった。

彼は、解体屋の田辺某と名のった。

この建物の所有者である老女が先ごろ亡くなったので、東京にいる息子がこれをとりこわし、新しく建てなおすことになった。それで解体を請け負っている、と彼はいった。

目の前の建物、それは、かつての娼家《しょうか》「成駒屋《なりこまや》」であった。なかは、その当時の面影《おもかげ》を、まだ残しているようだ。

私は、興奮した。

もとより、私にとっては、農家であれ漁家、商家であれ、そこにある生活用具（民具）の類は、すべて大きな意味をもつ資料なのであった。

旧来の日本の民俗学は、話を聞くことによって、その土地土地の生活を描きだすというやりかたが主流であった。つまり、聞きとり調査が基本になっていた。

しかし、一方で、とみにそのころから、私が師事した宮本常一《みやもとつねいち》先生（故人）をはじめとして、民俗学者のなかで民具類をより重視する動きがではじめていた。つまり、有形の資料そのものにかつての生活を語らしめようという動きである。

そうしたなかで、私も、かつてのむらやまちの生活をたどるひとつの切り口として、民具類に注目する傾向にあった。

遊廓への好奇心に民具類への関心が相乗して、私は、ひどく興奮したのである。

そこで、彼らが乱暴に民具類をたたきに投げていることを（それはまるで押しこみ強盗のようでさえあった）、とうてい見のがせなかった。いかにも、もったいない気がした。

それで、私は、しばらく解体の仕事を中断して、なかの民具類を見せてくれないか、と彼らに頼んでみた。

無茶な頼みではあった。

彼らは（といっても、もっぱら返答するのは、田辺某と名のった相撲とりのように大がらな男だった）、いま仕事をはじめたばかりなのに、と少々とまどった様子をみせた。が、まだトラックが来ていないから、それまでだったら自由に入って見ていいよ、といい直してくれた。

道具類も残っていた

私は、おおいなる期待をもって、玄関のたたき（コンクリートの土間形式）に足をふみいれた。

まず目に入ったのは、無残にも割れおちた玄関ホールの照明であった。

ガラスの破片が一面に散っている。その上に歩を進めると、さらにバリッとガラスが割れる音がする。

玄関わきの帳場も、すでにめちゃめちゃである。土ぼこりで白くなった床には、無数の足跡《あしあと》がついていた。

一方のわきの張店《はりみせ》（かつて、娼妓たちが客を待ち、客を引いた部屋）も同様であった。畳は、半分があげられたままの状態で、床板がむきだしになっている。その床板の上で、黄色くしみやけた古新聞紙が風にめくれてゆれていた。

積みあげた畳の上には、柳行李《やなぎごうり》がふたつ。そこから赤い着物のはしがのぞいている。その光景は、まさに廃墟以外のなにものでもなかった。

聞けば、前日、玄関まわりの道具類は、ほとんどすべて運びだしてしまったとのこと。しかし、奥のほうはまだ手をつけていない、という。

私は、急いで奥に向った。

自分らもまだ奥を見とらんで、といって、解体屋の二人も私についてきた。

玄関の正面に中庭（坪庭）。それを囲むかたちでぐるりと廊下がめぐっている。

その廊下にそっていくつかの部屋がならんでいた。いずれも四畳半か六畳の小部屋である。

そこが、娼妓が客を接待した部屋らしい。

部屋の入口は、それぞれに趣向がこらしてあった。くぐり戸のようなものもあれば、色ガラスをはりあわせたようなものもある。いずれも、往時は相当にけばけばしかったに相違いない。

そのひとつをあけて、なかに入った。

畳は、すでに日にやけて茶色く染まり、おまけに湿気を含んでぼこぼことふくらんでいる。かび臭く、なまあたたかい空気が、部屋に充満していた。

窓には、みるからに安もののカーテンがまださげられたままである。そのため、部屋のなかはいっそう暗い。

一方に、半間《はんげん》（〇・九メートル）の床《とこ》と一間（一・八メートル）の押し入れがある。

目をならしてみれば、部屋の中央に火鉢《ひばち》がひとつ。火箸《ひばし》と五徳《ごとく》もそのままである。

隅には、春慶塗《しゅんけいぬり》の衣桁《いこう》と煤竹《すすだけ》でつくった脱衣籠（衣裳籠）、それに屏風《びょうぶ》（枕屏風）があった。

押し入れの襖《ふすま》をあけると、なかには布団《ふとん》が一組だけ残っていた。赤と黄色を主調に

「成駒屋」の見取図

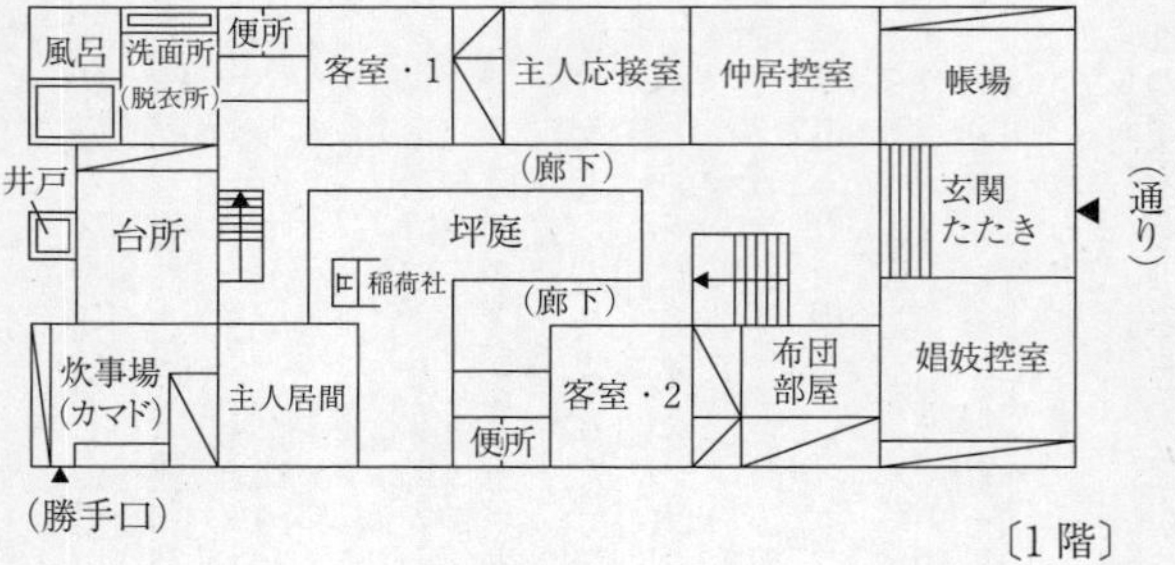
風呂
洗面所
（脱衣所）
便所
客室・1
主人応接室
仲居控室
帳場
（廊下）
井戸
台所
坪庭
稲荷社
玄関
たたき
（通り）
（廊下）
炊事場
（カマド）
主人居間
客室・2
布団
部屋
娼妓控室
便所
（勝手口）
〔1階〕

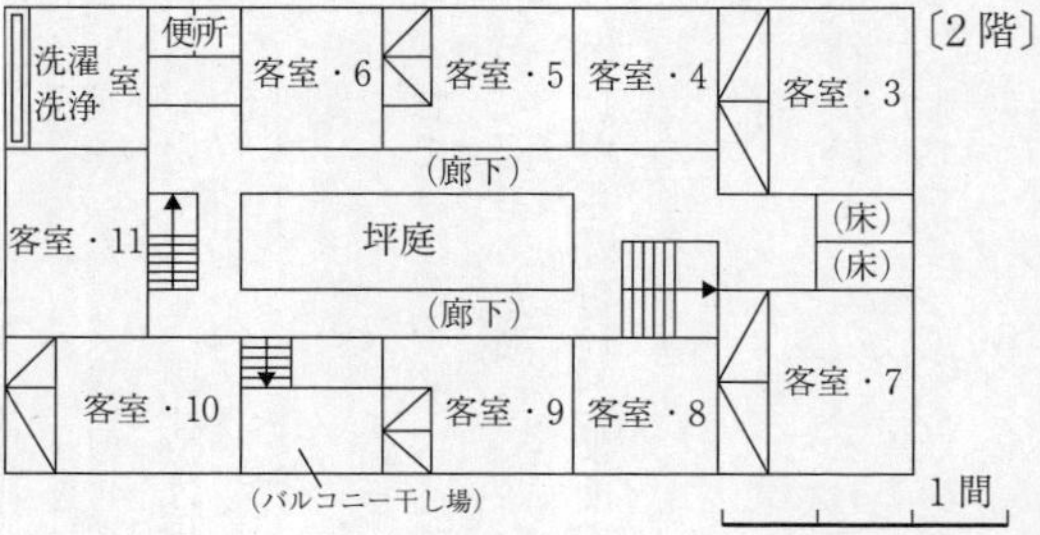
〔2階〕
洗濯
洗浄
室
便所
客室・6
客室・5
客室・4
客室・3
（廊下）
客室・11
坪庭
（床）
（床）
（廊下）
客室・10
客室・9
客室・8
客室・7
（バルコニー干し場）
1間

したその木綿布団は、長いこと日に干されることのないまま十分すぎるほどの湿気を含み、異様な臭いをはなつ。

どれだけのあいだ放置されていた部屋であろうか。人のぬくもりなどまったく感じられない。

わずかに残された道具類が、いいようもないほど寒々しく日に映った。

ただ、そこで感傷にひたるだけの時間の余裕がない。かぎられた時間内で、全体を見ることを目的としなくてはなるまい。

娼妓たちの部屋をざっとのぞきながら、私は、さらに奥へ足早に向った。

中庭をはさんだ廊下のそれぞれの奥に、大・小を分けた便所があった。床と壁の下半分は、白い方形のタイルばり。そこに藍色の模様が施された白い陶器の便器が設置されていた。

右側の廊下奥の便所に続いては、洗面所があった。洗面所といっても、いまも古い温泉宿などで見かける、鋳ものの蛇口が数個ならんだ共同の洗面台である。

便所の奥（ただし、帳場側のみ）は、風呂場。やはり白のタイルばりで、大きさは旅館の家族風呂程度である。ただ、かわっているのは、角《かど》に妙な金具《かなぐ》の枠と切れたゴムホースが残っていたことである。ホースの先には、ちょうど如雨露《じょうろ》の先のような噴射盤がついている。その形状からして、どうも洗滌用《せんじょうよう》の道具らしい。ただし、洗滌液の容器は、すでに紛失したものか、どこにも見あたらなかった。

ところで、洗面所、便所、風呂場など、そこには、白い方形のタイルが多用されている。それは、日本で焼かれた実用タイルのごく初期のものと思われる。まず病院や旅館などに使われだしたはずで、大正末から昭和はじめのことであろうか。

さて、洗面所を左へ折れる廊下（つまり、中庭をはさんで玄関と向きあったかたちの廊下）には、娼妓の部屋の引き戸のようなけばけばしいものではなく、ごくふつうの障子戸《しょうじど》がならんでいた。障子の中央にガラスが一枚はめられている。

この障子戸にガラスを併用する形式も、たしか昭和になってから普及したはずであった。

その障子戸をあけると、まず八畳ほどの板の間があった。

そこには大きな木製の飯台《はんだい》が残っていた。ゆうに一〇人はすわれるほどの大きさである。

壁際には水屋《みずや》があった。なかには瀬戸焼や美濃焼の食器がびっしりつまっている。大小の皿、飯碗、丼鉢《どんぶり》、徳利《とっくり》、盃、湯呑《ゆのみ》など。いずれも安ものの磁器類ではあるが、その数は驚くほど多い。

つまり、そこが「成駒屋」の台所であった。

その食器の量から推理して、かつて娼妓たちは、ここで日常の食事をしていたのであろう。

ただし、流しや調理台は、その左手奥に独立したかたちで設置されていたので、そこは台所というより食堂といったほうが適切である。

正確な意味での台所（八畳の板の間に続く六畳の板の間）にも、さまざまな台所用具が残されていた。

まず目についたのは、大小さまざまの甕《かめ》や壺《つぼ》である。光沢のある褐色の陶器が多い。漬けものを漬けこんだもの、味噌を入れただろうものなど、比較的大きな甕・壺は床の隅に、また塩や砂糖入れのような小さなものは、棚の上に無造作にならべられたままであった。

棚には、ほかに醬油《しょうゆ》さしや薬味入れ、それにやかん、擂鉢《すりばち》といったものもあった。

流しのまわりは、さらに雑然としていた。まな板、包丁、籠《かご》や笊《ざる》などが、投げだされたように乱雑に置かれている。とくに笊類はその数も多く、壁にかけられたまま縁《ふち》がはじけたものもあった。米櫃《こめびつ》、飯櫃《めしびつ》、羽釜《はがま》などは、隅の方におしやられていた。いずれもかなり大きなもので、そこで賄《まかな》っていた人数の多さが想像できる。

それは、昭和四〇年前後の燃料を中心とした台所革命ともいうべき時代を通過していない、古い台所の原型を残していた。

電気釜も冷蔵庫も見あたらない。

それが、荒れるにまかされていた。

かび臭さは建物全体に充満しているが、台所には、別にすえた臭いも漂っている。しかし、どこかにかすかな生活臭が感じられた。

それはたぶん、「成駒屋」を閉じたあとも、楼主であった老女が、長くこの台所を使っていたからなのであろう。

もちろん、一人暮しであったというから、使う調理用具も食器もかぎられていたに違いない。だが、そこに人がいたというだけで、部屋の雰囲気が明らかに他とは違っているのだ。

事実、この台所にかぎらず、八畳の食堂や老女の寝室とおぼしき四畳半の和室、つまり老女が生活スペースとして近年まで使ってきた場所には、共通してある種のあたたかさが感じられるのである。

私は、一階をざっとひとまわりしてから二階にあがった。

二階には、生活臭はさらにない。中庭をめぐる廊下にそって、四面すべてが娼妓たちの小部屋になっている。その数は、ちょうど九室。それに加えて、階下と同じところに洗面所と便所がある。

娼妓の部屋をのぞいてみると、それぞれに、脱衣籠や屛風、布団や火鉢などが、ほこりにまみれて残されている。階下に比べてかび臭さを感じないのは、私の鼻がなれたせいなのか、あるいは二階は日あたりがよく通気がよいせいなのか。

だが所有権がわからない

それにしても、と私は思わず腕組みをしてうなったものだった。このままたち去るのは、あまりにももったいない話ではないか。

この建物のなかには、私の民俗学的な興味からすると、宝ものが埋っている。しかも、それらは、それまで私が見なれていた農家や漁家の民具類とはいささかその色彩を異にしたものが多い。そして、たぶん、ほとんどが売春防止法の施行（昭和三三年）当時のままに手がつかず残されている。

私の興味は、一覧しただけでとうていたちきれるものではなかった。

千載一遇、といえる。遊廓を知らない世代に属する私が、遊廓の内部を探る有効な手がかりがここにあるではないか。この機をのがすと、二度とこんなチャンスにはでくわさないだろう、と思えた。

犬歩当棒、ともいえる。それが、中村遊廓との遭遇であった。

解体屋の田辺某にたずねてみると、家屋の建材や内部の調度品類はすべて名古屋湾の埋めたて地に廃棄処分するのだ、という。

私にとってみれば、もったいない話である。私は、とっさに、それではこの民具類だけでもそっくりくれないか、と話をもちかけていた。前後の見境もなく頼みこんで、さらに一日分の解体作業中止の保証金を約束して、私は、昼食をとるのも忘れて遊廓に残存した民具類の搬出に没頭したものである。

足をふみだすたびに、もうもうとほこりがたつ。そのほこりをあびて、頭髪には土色の粉が積もり、顔には汗が黒い縞《しま》模様を描いていた。壁にかけられた縁がはげかかった鏡にその姿を映し、腰をのばすと、鼻のなかがむずがゆく、くしゃみを連発したものだった。

「成駒屋」に残存するひととおりの道具類を持ちだすのは、一人の作業としては十分すぎる仕事量である。手を休めて、ひとつひとつの道具をきちんとたしかめることはかなわない。この際は、あとでそれぞれの部屋が再現できるよう、できるだけ満遍なく、選り好みしないで収集しておくしかないのである。

しかし、二トン半のトラックに積みうる道具類は、その量に限度がある。そこで重複する大型の道具類、たとえば布団や火鉢などは、一組か二組を積みこんであとは割愛せざるをえなかった。また、建具類も捨てなくてはならなかった。

そうした私の行為がどう映ったのか。その結果は、解体屋の田辺某が、東京までの夜がけ運送をもひきうけてくれることになったのである。

——以上のような経緯があった。

そのとき収集した民具は、約八〇種、四六〇点。詳しくは、後に掲げる一覧表をご

※置かれるべき場所	残存（収集）民具の名称	特色	残存量	※所有権	※関連してあるべき民具（散失）
台所（炊事場と居間）	皿	銘々用小皿が多い，染付磁器（大皿は少）	多	主	
	飯櫃・半切	タガが銅線のものが多い	多	主	
	杓子・箸	白木地の杓子，竹箸が多い	多	主・女	
	盆	春慶塗の盆が多い	多	主	
	ヤカン・土瓶	小さな急須が多い	多	主・女	
	神棚・供具	白磁，手塩皿，榊立，素焼神像		主	
楼主部屋	略				
風呂	略				
二階部屋（女郎部屋）	部屋札	木札，墨で部屋名，入口の鴨居	多	主	鉄瓶
	屏風	二双，頭隠用	少	主	行李
	衣桁	漆塗	少	主	衣服（下着・足袋等）
	脱衣籠	角な平籠，ヒゴは染	少	主	花瓶
	布団	木綿布団が多いが絹布団も有	多	主・女	痰壺
	枕	陶枕，箱枕（台は朱漆），袋枕	多	主・女	
	鏡台	朱塗（引出しに櫛，化粧品）カンザシ，付髪		主・女	
	火鉢・湯タンポ	瀬戸，九谷の磁器，信楽の陶器（湯タンポはブリキ）	多	主・女	
	水屋	木目の出た小型のもの	少	女	
	土鍋・行平	瀬戸，信楽，伊賀焼の半素焼		女	
	匙・箸	木，竹，貝，ジュラルミン製	多	女	
	飯（汁）碗	磁器の夫婦碗		女	
	湯呑・急須	常滑朱泥陶器，瀬戸，九谷磁器（夫婦碗），茶筒を含む	多	女	
	茶道具一式	織部碗，茶筅，ナツメ等一式（箱）	1	女	
	コーヒー碗	白磁，厚手	多	女	
	グラス	種々のガラス器	多	女	
	洋酒瓶	ワイン，ウイスキーの陶器瓶	少	女	
	薬品類	塗薬，避妊用具	多	女	
	男根像		少	女	

〈注〉 1. ※欄は，民具収集後の補足調査で確かめたもの。
2. 所有権欄の主は楼主を，女は娼妓をあらわす。

中村遊廓「成駒屋」に於ける残存民具類

※置かれるべき場所	残存（収集）民具の名称	特　　　色	残存量	※所有権	※関連してあるべき民具（散失）
玄関（表）	看　板	ガラスに勘亭流（色）文字	1	主	写真看板
	行　灯	壁用，軒下げ用ともにガラス	少	主	招き猫像
帳　場	帳面類	花山帳，写真帳，証書，大福帳等	多	主	机，腰掛
	火　鉢	信楽焼丸火鉢（五徳，火箸）	1	主	筆記用具
	煙草盆	磁器，木枠付	少	主	（時計，電話）
	衝　立	スダレ込	1	主	神棚
	床　敷	皮のカーペット	1	主	灰皿
	名　札	木札，墨で源氏名，木枠	多	主	
控　間	長火鉢	ケヤキ枠（五徳，火箸）	1	主	座布団
（張店）	鉄　瓶	大	1	主	衝立（屛風）
	茶道具一式	盆，急須，湯呑，茶筒	多	主	
	鏡　台	ケヤキ枠，大型（中に化粧品）	1	主	
（押入）	衣　類	着物，帯，襦袢，洋服，丹前等	多	主・女	
（次の間）	戸　棚	中に雑誌，薬など	1	主	
	薬品類	注射液，座薬，塗薬（戸棚に）	多	主	
	医療器具	注射器，鉗子，洗浄用具	多	主	
（物置）	炭　籠	竹編，中にトタン	多	主	
	湯タンポ	ブリキ製	多	主	
	掃除用具	箒，バケツ，桶		主	
	その他	木箱，食器ガラクタ	多	主	
台　所	甕・壺類	大小ほとんど瀬戸焼陶器	多	主	酒樽
（炊事場と居間）	擂　鉢	大小有，瀬戸焼，常滑焼（含大根摺）		主	貧乏徳利
	水切笊類	大小	多	主	膳と膳食器
	俎・包丁			主	食卓
	鍋・羽釜	大小鉄製・羽釜の1つは素焼（フライパンも含む）		主	
	丼　鉢	磁器（おかず盛付用・麵用）	多	主	
	飯　碗	染付磁器，絵付は粗末	多	主・女	
	汁椀（碗）	色磁器が多く，漆椀は少ない	多	主	
	湯呑碗	屋号を染め付けた磁器が多い	多	主	
	徳利・盃	燗徳利，白磁染付	多	主	
	調味料入	醬油差，薬味入	多	主	

覧いただきたい。

ところで、私などが行う民具の調査・収集というのは、民俗学を学ぶ上での資料にするためであるから、集める苦労もさることながら、持ち帰ったあとの整理作業がさらに重要になる。

ひとつひとつの用具を計測し、写真撮影をしたあと、データをカード化する作業がまず必要なのである。

データとは、民具の名称（標準名と地方名がある）、形態や素材の特徴、用途と使用年代、使用者、所有者、製作者とその技術（あるいは入手経路）などである。それを収蔵カードに正確に記入しなければならない。

正確、というのは客観的データであることで、それらは本来、収集地でその用具の所有者、つまり当事者から詳しく聞きとったものであるべきなのだ。そこに、調査や収集にたずさわった者の私見を加えてはならない。

収蔵カードは、いわば民具の戸籍簿である。

しかし、「成駒屋」の民具類にかぎっては、所有者はすでに亡く、ましてや解体作業の合間に手早く集めたものであるから、こまかい情報は皆無であった。

もちろん、布団とか火鉢、食器類など、大半の民具類の用途に関しては、ごく常識的に判断して記入できるものもある。しかし、私たちの収集データは、右に述べたように、あくまでも客観的なものでなくてはならない。収蔵カードの欄を、なにがなんでも埋めなくてはならない、というのではない。わからないところはそのまま空欄であることが、正確なデータなのである。

とすると、「成駒屋」の民具類に関しては、収蔵カードの欄のうち、厳密には収集地と所有者、寸法と材質しか記入できないことになる。

情報が未整理であれば、資料価値は半減する。民具をもって、それが活用された生活ぶりを語らしめる。それが民具研究の望ましい方向のように思えるが、これでは遊廓のしくみをとうてい語らしめることができそうもない。

そこで、あらためての追跡調査が必要になる。

私の個人的な興味からすると、残存民具を切り口にして、あくまでも未知の世界（遊廓）にせまりたい。

なによりも、一点一点の民具の所有権が、はたして「成駒屋」の楼主に帰属していたものかどうか。たとえば、着物がかなりの点数あるが、これは楼主が娼妓に買い与えたものなのか、あるいは娼妓が買って残していったものなのか、そのあたりがおおいに興味があるところである。

そうした問題を明らかにするためには、当事者にあたらなくてはなるまい。ということは、中村遊廓で娼家を経営していた人やそこで働いていた人を訪ねることになる。それも、できるだけ多くの人から証言を得た方がよい。

それは、また、けっしてなまやさしい追跡ではないだろう。

――私は、ふたたび名古屋の中村地区に向ったのである。

話を聞くには根気がいる

何度目に中村を訪ねたときのことだったろうか。あらためて、遊廓が存在していた時代は、もうはるかに遠いものになっている、と実感したころであった。

当時をよく知る人たちは、すでに他界したり、離散したりしている。たとえば、昭和三三年の売春防止法の施行時に名楽園（中村遊廓）の組合長をしていた久米氏は、存命であり、もっとも格好の証言者には違いなかったが、すでに年齢は九〇歳（昭和五五年現在）に達しており、長時間にわたって話を聞くことは無理であった。

そうでなくても、話を聞くのにはむずかしい分野である。客としての登楼談なら、たとえれば戦争体験談と同じようにいさましく語ってくれる人もいるだろう。が、遊廓の内部のしくみや人間関係などの話がそうたやすく聞けるとは、とても思えない。少なくとも、それまで私が主に歩いてきた農山村で話を聞くより、ずっとむずかしい状況にあることは、間違いないことだった。

事実、関係者の口はかたかった。お秀さんとて、はじめはそうであった。

かつて、登楼客でにぎわった大門《おおもん》通りを吹きぬける風がひときわ冷たく感じられた。「成駒屋」は、すでにすっかりとりこわされていた。

そうしたとき、まったくの偶然であったが、昼食をとるために入ったうどん屋のおばさんから耳よりな情報を得た。

はじめ、そのおばさんは、客が私一人だったせいもあってか、私がそのあたりを徘《はい》徊《かい》する理由をたずねてきたのである。たぶん、暖簾《のれん》ごしに私の姿をみとめて、いぶかしく思っていたのであろう。

私は、ありのままを話した。

するとそのおばさんは、コンクリートのたたきの上にギーギーと音をたてながら腰掛を引いてきて、どんと腰をおろして話しはじめたのである。

「私がここにうどん屋を移したのは、遊廓がなくなってからじゃがの、それ以前も、大門《おおもん》（遊廓の出入口）のわきでうどん屋をやっとったんで、多少のことなら知っとるわの……」

親切なおばさんであった。というか、生来のおせっかい焼き、とみた。

しかし、そのおばさんは、歳のころは六〇歳前後。遊廓の周辺部にいて、その概略は知っているものの、内部のしくみや古い習慣となるとほとんどわからないようだった。当然といえば、当然のことだった。

おばさんも、そのへんは謙虚《けんきょ》に認めていた。

「ああ、そうだ。そういうことなら、私よりずっと遊廓に詳しくて、まるで中村の主《ぬし》のような人がおるでよ、あんたに紹介してもいいがの」

私は、渡りに船と、そのおばさんの好意にすがることにした。

待つこと数分、やがて、おばさんに呼ばれて来たのは、きわめて小がらな老女であった。

それが、お秀さんだったのである。

見たところ、背丈は一四〇センチあまり。どんぐりまなこで皺《しわ》深い顔は、思わず豊臣秀吉の肖像画を連想させる、とは先に紹介したとおりである。

もちろん初対面であり、性格の判断まではできない。しかし、みるからに気の強そうなおばあさんであった。海千山千、いかにもしたたかそうにみえた。

たとえば、そのとき、お秀さんは、とうとう最後まで名をなのらなかったのである。

私がお秀さんの本名を知ったのは、ずっとのちのことである。

お秀さんと著者

そのときのお秀さんの話は、あまりにも断片的であった。というよりも、とりつく島がない状態に等しかった。

「遊廓の時代なんか、もう二昔も三昔も前のことじゃないか。なんで、いまさらそんなことをたずねなさるのかね。

忘れましたがの、もう。遊廓のころのできごとは、売防法（売春防止法）ですっかりお返しししたんでね。それに、女郎買いをしてない人に話してもわからんだろ」

みかねて、うどん屋のおばさんが、あれこれ口を添えてくれる。が、お秀さんは、ニタリと笑って言葉を返すのであった。

「あんたも、おせっかい焼きだの。まあ、うどんも食べたいから来たんだが、これでも、あんたの顔はたててるじゃろうがの。

まあ、お客さんであれば、そりゃそれなりに愛想のしようもあるがね。ああ、私は、いまトルコをやっている。いちど遊びに来てごらん。お客さんなら、そりゃ商売だから歓迎しますよ」

それは、当然のことである。内輪の話、本音の話は、誰だってそう簡単にはさらさない。初対面ですべてうちとけた話を聞こうとするのは、あまりにも虫がよすぎることなのだ。聞き手の傲慢《ごうまん》さは、もっとも戒めなくてはならないことである。

無駄足を運ばなくてはならない。何度か足を運んでいるうちに、かたくなな心もとけてくる。そして、当方も手の内をさらけたらよい。悪い奴じゃあない、と思われだしたら、あえて質問をせずとも核心に触れる話もでてくるようになるだろう。

私は、それまでのささやかな経験からも、そのことを確信していた。そして、そういうことに関しては、私は、十分に気長であるつもりだった。

以来、私は何度もお秀さんを訪ねることになった。関西方面に出向く用事も多々あって、その途中に下車することで用が足せたのはさいわいであった。

中村遊廓の歴史

話の流れを折ることにもなるが、ここで、名古屋中村遊廓の史的な概略を述べておかなくてはなるまい。

かつて、中村遊廓は、日本一の規模を誇る遊里であった。

ちなみに、名古屋中村遊廓は、旭遊廓の移転により、大正一二（一九二三）年四月一日に開業した。

旭遊廓は、現在では名古屋市の中心地となっている中区にあり、大須《おおす》観音《かんのん》（真福寺）に隣接していた。それは、ちょうど東京における浅草観音《あさくさかんのん》（浅草寺《せんそうじ》）と吉原の位置関係にあった、としてよかろう。明治期に遊廓集合があったものの、安政期からの

不夜城中村遊廓（1943年頃）〈中日新聞社提供〉

伝統をもった遊里であった。

数字で明らかなかぎりでも、明治から大正にかけて、旭遊廓は、全盛をきわめている。しかし、それゆえに、名古屋市街地の発展（拡大）にともない、そこが中心部となることから風紀上の問題が論ぜられるようになり、中村への移転を余儀なくされたのである。

遊廓ができるまでの中村周辺は、静かな田園地帯であった。そこに三年あまりの歳月をかけて、日吉《ひよし》・寿《ことぶき》・大門《おおもん》・羽衣《はごろも》・賑《にぎわい》の各町筋《まちすじ》を一廓とする大規模な遊廓が誕生した。

総面積は、三万一六二〇坪（一〇万四三四六平方メートル）にも及んだ。

中村遊廓が全盛をきわめたのは、昭和一二（一九三七）年前後だった、という。昭和一二年は、ちょうど名古屋で汎太平洋平和博覧会が催された年であり、国鉄名古屋駅が現在地に竣工された年でもあった。

当時、娼家（貸座敷）の数は約一四〇軒、娼妓は約二〇〇〇人（中村区制一五周年記念協賛会編『中村区史』）。

ちなみに、厚生省の調査によれば、昭和一二年当時の貸座敷営業地は全国で五四五カ所、そこで働く娼妓総数四万四九〇八人。単純計算すると、一営業地平均の娼妓数は八二・四人である。この数字からしても、中村遊廓の抱娼数二〇〇〇人は驚異的な規模といえよう。全国の娼妓総数の約四・五パーセントが中村に集中していたことになる。

廓内は毎夜のごとくネオンと嬌声《きょうせい》にみちていた。

その活況は、『中村区史』でも、関係者が証言している。

名古屋の色里は中村の旭廓に熱田《あつた》の稲永《いなえい》廓の二つ、先づ中村廓だが都人はこゝへ行くのを「西」へ行くといふ。市の西部にあるからで「オイ西行だ」と云へばこゝとご承知あつて然《しか》る可《べ》し。では西へ御案内――。

「中村遊廓」概略図　昭和31年「名古屋市全住宅案内図帳」から作成

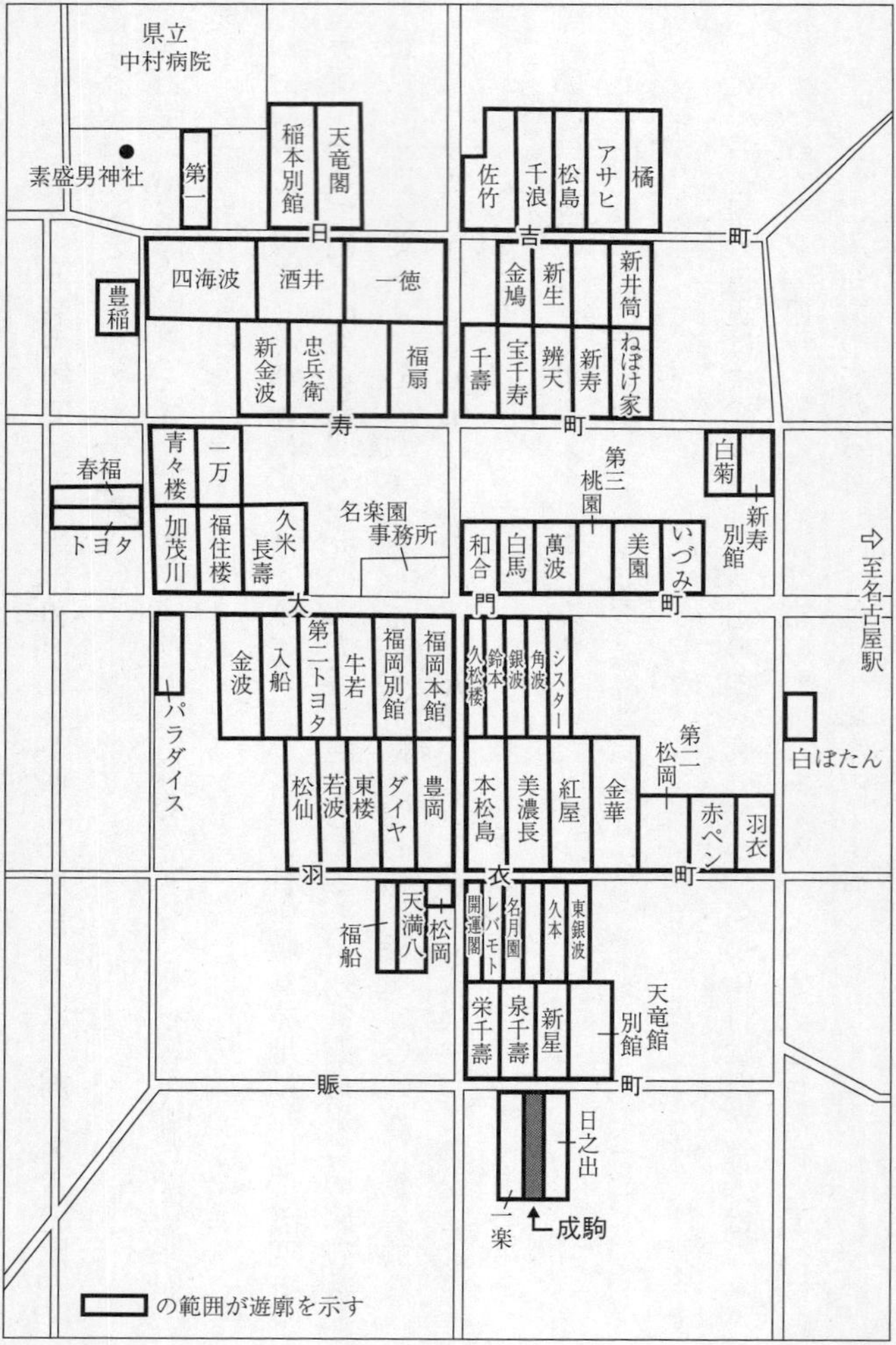

ハイこゝが名にしおふ中村廓の大門通入口、廓のその設備、内容において日本一を誇る、名実共に東京吉原以上、高楼軒を並ぶる百四十七軒、一軒の抱娼妓最少が十三、四人から最多は三十余人、現在嫖客《ひょうかく》の席に侍《はべ》る花の数一千九百を数へる。建築の豪華なことは一軒につき約三十万円を費やしたといふのでも解るであらう。廊下を通るあの草履の音を聞いたゞけで振られて帰ることも多々ある関東式の「廻し」の制度ではなく、登楼すれば敵娼《あいかた》が親切に一々客をもてなす。しかも万端極めて情緒纏綿《てんめん》、最近ではどし〳〵時勢の趣向を取り入れて全廓内は、ネオンの不夜城、そのネオンの多きこと正に東洋一の称がある位、七彩の光りに情緒を深めたホールに彼女等は艶を競うて遊客の品定めの焦点に立つてゐるのである。

しかし、支那事変（昭和一二年）が勃発《ぼっぱつ》して以後、しだいに戦時体制が強化され、それにともなって中村遊廓にも暗雲がただよいはじめた。もっとも、このことは、ひとり中村遊廓にかぎったことではない。

戦局がのっぴきならない状況となった昭和一八（一九四三）年、中村はついに企業整備を余儀なくされ、娼家わずかに一九軒、娼妓は二二〇人に縮小された。これは、最盛期のほぼ五分の一の規模である。そして、休業の娼家は、三菱航空や大同製鋼など軍需工場の寄宿舎に転用され、遊廓の情趣はまったく失われてしまった、という。

やがて敗戦。

日本は、政治とそれにともなう諸制度において大きな変革のときを迎える。

そのなかで風俗営業に関連しては、まず昭和二一（一九四六）年一月二一日、連合国軍最高司令官総司令部が日本政府に対し、覚書「日本に於ける公娼廃止に関する件」を発した。いわゆるマッカーサー指令のひとつである。

一、日本に於ける公娼の存続はデモクラシーの理想に違反し、且全国民間に於ける個人の自由発達に相反するものなり。

二、日本政府は直ちに国内に於ける公娼の存在を直接乃至間接に認め、若くは許容せる一切の法律法令及其の他の法規を廃棄し、且無効ならしめ、且該当法令の主旨の下に如何なる婦人をも直接乃至間接に売淫業務に契約し、若くは拘束せる一切の契約並に合意を無効ならしむべし。

三、当覚書を遵守する為に発令せらるる法規の最終準備完了と同時並に其の公布前に諸法規の英訳二通を当司令部に提出すべし。

最高司令官　アーレン大佐

この指令に基づき、二月二日、内務省警保局長が、警視総監、各府県長官宛に公娼制度の廃止を通達した。さらに、その後も、その趣旨を徹底させるために、二度にわたり「公娼制度の廃止に関する指導取締の件」なる通達がだされている。

それを受けて、五月二九日、関係各府県は、各警察署長ならびに各組合業者責任者に「営業刷新について」という通達をだし、以下の基本三原則をあらためて提示した。

一、前借制度の廃止を徹底させること。

二、身体その他自由の拘束を絶対させせぬこと。

三、稼業搾取をさせぬこと。

終戦の直後、こうした公娼制度の廃止にともなう通達や指導が波状的に当局より遊廓関係者にだされた事実がある。これによって、明治三三（一九〇〇）年以来、娼妓たちの身柄を束縛することを正当化してきた「娼妓取締規則」なる旧法が廃止されることになった。そして、一〇年後の売春防止法制定の下地《したじ》をつくることにもなった。

各地の遊廓の灯《あかり》は、文字どおり風前の灯《ともしび》と化していった。

しかし、後述することにもなるが、明らかなところで江戸期以降の遊里の歴史（遊里・性風俗の勃興《ぼっこう》、それに対するときどきの取締り）が示すように、この種の取締りの法令は、くりかえし発布され、またその都度に不思議と特例措置がくりかえし講じられる傾向がある。この場合も、そうである。

昭和二一年九月、まず、警視庁保安部長名で「接待所慰安所等の転換措置に関する件」なる改善指導施策がだされた。その主旨は、以下のただ一点にある。

接待所慰安所並に接待婦慰安婦中、希望出願せる者は特殊飲食店並にその従業婦として夫々転換を認める。

つまり、旧来の遊廓としては営業は認められないが、特殊飲食店と名義がえをすることによって遊廓に準ずる営業内容をも認めよう、というものである。それに付随して、娼妓のみならず、芸妓、酌婦などの売淫を印象づける名称が廃止され、特殊飲食店に下宿、または寄宿する接客婦は、原則として店主より必要な給料を受け、店主に対しては部屋代、食費等の必要経費を支払うこと、などがとりきめられることになった。

あくまでも指導施策とはいうものの、まことに融通無碍《むげ》な詭弁《きべん》の論法である。これをもって、ザル法といわずして何といおうか。

もちろん、この転換措置は、警視庁管内だけでなく、全国の遊廓営業地にすぐさま伝播することになった。

そして、昭和二一年一一月に開かれた第一次吉田内閣の事務次官等会議では、性風俗の乱れが一般社会に蔓延《まんえん》するのに対処する、という大義名分のもとに「特殊飲食店を風紀上支障のない地域に限定して集団的に認める措置方針」を決定してしまったのである。これによって、正式に遊廓が復活することになり、遊廓営業地がいわゆる赤線（地区）といわれるようになった。ちなみに、赤線とは、先の政府決定により、風紀上支障のない限定地域が公示されたとき、地図上に赤線で囲われたところから俗称されるようになったものである。また、青線とは、それからもれた娼家群《しょうかぐん》をいった。

とくに中村遊廓においては、それより先の昭和二一年九月、それまでの「旭廓貸座敷組合」（旭から中村へ移転したのちも組合組織は旭廓を名のっていた）から「名楽園組合」と名をあらため、同時に「貸座敷」を「特殊飲食店」と改称して復興にのりだしたのである。さらに翌年には、「特殊飲食店」を「特殊カフェー」に、「娼妓」を「給仕婦」にあらためている（『中村区史』）。

そして、元の娼妓たちは、エプロン姿でホールに客を迎えた、という。もちろん、その営業の実態に変化がなかったことは、いうをまたないことである。

それで、戦後しばらくのあいだは、進駐軍人の登楼もあって、中村の景気がひとまず回復の兆しをみせた。娼家（特殊カフェー）数約八〇、娼妓（給仕婦）九〇〇人あまりの規模にもどったのである。

しかし、進駐軍人に登楼禁止令がだされた。それに相前後して直引き《じかび》（個人営業の街娼も増加の傾向を呈し、遊廓（赤線地区）の経営はしだいに苦しくもなり、結局、戦前のような活況をとりもどすまでにはいたらなかった。

売春防止法のあと

そして、ついに、売春防止法の制定（昭和三一年五月）と施行（昭和三三年四月）。その「目的」は、以下のとおりである。

売春が人としての尊厳を害し、性道徳に反し、社会の善良の風俗をみだすものであることにかんがみ、売春を助長する行為等を処罰するとともに、性行又は環境に照して売春を行うおそれのある女子に対する補導処分及び保護更生の措置を講ずることによって、売春の防止を図ることを目的とする。（総則の第一条）

これとても、ザル法ととらえられなくもない。だいいち、法名が「売春禁止」でなく「売春防止」なのである。そして、以下処罰の対象行為を説く条文のなかには、たとえば、第五条で「公衆の目にふれるような方法で」というただし書きの字句が二箇所ある。このあたり、「公衆の目にふれにくい方法なら」とうがって読めなくもないのである。

ともあれ、売春防止法の施行によって、遊廓は廃絶されることになった。売春防止法そのものが、もとより売春行為の廃絶にまで及ぶものでなく、当面、公衆の目にふれて余りある遊廓の廃絶をねらったものである、と位置づけてもよかろうか。ここ中村遊廓の楼主たちは、それを暫定的な措置と解したのであった。

三十余年にわたって不夜城を誇り、また、日本で最大規模を誇った名古屋中村遊廓の灯《ひ》が消えた。

大門の内側でのみいうと、旅館に転業したところが約四〇軒、特殊浴場（トルコ風呂）に転業したのが約一〇軒、飲食店に転業したのが約二〇軒あった。だが、所詮《しょせん》、中村に往時のにぎわいはもどらなかった。そのあたりは、先に紹介したお秀さんの話にも詳しいが、当時の新聞の特集記事（中部日本新聞、昭和三三年四月三日）の要領がよい。

大正十二年に生れた東海地方の名門名古屋中村遊廓〝名楽園〟の八十二軒の転廃業その後に焦点をあわせてみよう。

転廃業当時、業者の〝新生〟への意気込みは〝先駆者〟の名にふさわしいものがあった。だが三カ月後の今、夢は無残に打砕かれ、さらに前途多難を十分思わせている。費用も少なく簡単に転業できるものをと、先を争って許可をとり看板を掲げた約四十軒の旅館も、一カ月に十人から十五人の客しかつかず八軒のトルコ・ブロも正月のうちだけ、バーもダメとあって、せっかくとった旅館許可を返上したり、許可はそのままでも店の大戸をかたく閉ざすものまで現われ、早くも再転業の声も出る始末。

解散した組合にかわり「力を合わせて再び名古屋の名所を」と誕生した新名楽園組合（野田東二組合長）も〝わが道をゆく〟二十一軒を除く六十一軒で一応足並みをそろえているが、かつてのように同一営業体でない悲しさ、思うようにいっていないようだ。みんな「人のとびつき集まるシンボルを作ろう」の点では一致し、ダンス・ホール、温泉プール、コマ劇場設置などと案は出るのだが、費用や方法で足ぶみ状態という。

その後、とくにこの数年間で、私の知る範囲でも中村地区は大きくかわってきている。

たとえば、中村遊廓を象徴した大門がとりはらわれた。

現在（昭和六三年）、遊廓建築をたどってみても、わずかに十数棟の残存をみるだけである。

そして、大門の門前（先に紹介した飲食店が点在する通り）よりも、大門の内側（つまり、もとの遊廓区域）の変化が顕著である。まず、大門をくぐって次の右手区画が大きくかわっている。広大な駐車場（もとの遊廓四軒分）をもったスーパーマーケット（これも、もとの遊廓四軒分）が建った。それによって、かつてはそこに足をふみいれることがなかった主婦や子どもたちが、その界隈を闊歩《かっぽ》するようになっている。さらに、そのならびには、建物をそっくりそのままに旅館に転業した四軒がまとまってあり、遊廓時代をもっともしのばせる一区画であったが、それも現在では半分以上がとりこわされて空地になっている。たぶん、そこにも、早晩に新しい建物が建つのであろう。

日吉町筋（大門町から二通り北）では、かつての名門遊廓であった「四海波」、「大観荘」、「天竜」などが旅館に転業して一時は盛況を呈していたものの、いまは廃業や廃業同然になっている。

大門町や羽衣町（大門町から一通り南）に多い特殊浴場は、お秀さんがいうようにかろうじて看板を掲げてはいるものの、その隣には廃屋や空地が目だつようにもなってきた。

総じてみると、明らかに中村から遊廓の名残が薄らいできている。

そして、お秀さんがいうように特殊浴場もこれ以上に発展性がなく後退の一途をたどる運命にあるとすれば、やがて近い将来、中村から遊里のもつ一種独特な猥雑《わいざつ》な雰囲気がなくなってしまうのかもしれない。都市の整備計画などからすると、それはそれでまことに結構なことであるだろうが、スーパーマーケット付近の明るさは、まだなお中村という土地には似つかわしくないようにも思える。

名古屋中村遊廓の跡は現在、新旧混然としてまことに奇妙な雰囲気を呈しているのである。

二章　道具からみた「成駒屋」

玄関まわりの風景

話をもとにもどそう。

まず、先に述べたような経緯をもって、中村遊廓「成駒屋《なりこまや》」における残存民具類が入手できた。そこで、それらをもういちどあるべきところに配置して、遊廓の原風景を描いてみたい、と強く思うに至った。

もちろんこの場合、頼りになるのは、お秀さんである。お秀さんの傍証《ぼうしょう》をもとに、あらためて民具類の元の位置づけから進めてゆかなくてはならない。

はじめ、話すことをあれほど強固に拒絶したお秀さんであったが、私が二度三度と訪ねるにつれて笑みをもって答えてくれるようにもなった。ただ、まとまった時間をかけて話を聞くのはむずかしいことだった。お秀さんは、まだなお特殊浴場の経営者として働いている。店を開いている時間は、帳場から離れられない。開店前も、美容院へ行くとか針灸院に行くとかで結構忙しい。休みの日は、謡《うたい》の稽古やら寺詣りがある。

ここは、私が根気よく通うしかないのである。

お秀さんも会うたびに、たびたびによう来てくれたの、と恐縮するそぶりをみせてくれる。

「ひとつ、合点《がてん》がいかんことがあるんですがの……。成駒屋は、賑町にあったんだわの。

寿町や日吉町にあるのは、だいたい一流どころの店でした。四海波でも稲本でも、あのあたりの店のことなら、私もよくわかるんですがの。じゃが、賑町のあたりは、中村でもはずれの方で、店も小さいのがごちゃごちゃと集まってたでしょう。よう知らんのだわ、中村っていうても広いで……。

そう、一流の店と二流以下の店とでは、部屋も道具だても違うんですがの。こまごまとは、店ごとにも違う。じゃから、私が成駒屋の内部を正確に話すことはできんのだわの。

まあ、そのつもりで聞いてくれたらええわいの。銀さん（成駒屋の女主人の大竹銀さん）も死んでしもうたし、あんな小さい店の使用人は散りぢりになっとるじゃろうから、私の話でもお役にたてるしか方法がないかもしれんわの。

銀さんという人は、つきあったわけじゃあないが、知っとるよ。吝嗇家《りんしょくか》で有名じゃったわの。人の噂じゃけど、相当金も貯めていたらしい。それで、店を閉めたあとも仕事をせずに暮しがたったんですがの。私らは、やっぱり水商売を続けんと生活ができなんだが、あの人は違うたわな。

家族のことは、知りません。子供さんが東京におるらしいが、銀さんは、ずっと一人暮しを続けとったですわの。そうそう、猫は何匹もおったらしいがの、アッハッハッ……。

そうですの、建物は別にしても、なんで部屋や道具をそのまんまにしてたんかの、銀さんは。吝嗇《けち》だったからか、遊廓の復活を信じていたからか、いまじゃあわからんわの。

じゃけど、あんたには幸運なことじゃったですがの。中村広しといえども、そこに客と女郎がおれば、そのまま営業ができるというのは、もういまじゃあないですからの。成駒屋がのぞけたことは、ほんとうにええことでしたわの。

あとは、あんたから質問を続けてちょうだい。思いだせる範囲で答えるから……。玄関わきの道具だて……？　あんたが成駒屋で見たのは、何と何じゃったですかいの?」

私が「成駒屋」の解体現場に行ったとき、すでに玄関まわりはほとんど片づけられてしまっていたので、入手できたのはわずかに看板と行灯《あんどん》だけであった。

その看板は、ガラスに勘亭流《かんていりゅう》(歌舞伎の看板や相撲の番付などに使う書体)の赤文字で「成駒屋」と記されたものである。もちろん、ガラスは、木枠で囲われている。大きさは、一尺五寸(約四五センチ)と一間(約一八〇センチ)。本来は、玄関表の鴨居の上にはめられていた。

行灯は、玄関の両わきの壁にとりつけられていたものと、看板を照らすべく軒にさげられていたものである。

玄関わきの行灯は、ガラス製で、なかに電球をはめこむ形式。軒にさげる行灯も、ありていにいえば、ガラス箱のなかに電球を入れる形式であるが、一方のガラスがはずれている。看板を照らすためであったらしい。

もっとも、他の店では、イルミネーションの看板もあったようである。現存する建物のなかにも、豆電球をはめこむ穴がぐるりにあいたトタン板(旧式なネオンボード)

を掲げたものもある。往時をしのばせてくれるものの、今は昔、無残な光景が点在しているのである。

さて、この行灯や看板に迎えられて（実際は、後述するように、仲居の呼びこみに引かれて、というべきか）、客は玄関のたたきに立った、と想定できる。

そして、本来であれば、たたき正面の壁に、額に入った写真がずらっとならんでいたはずである（私が行ったときは、すでに玄関の壁はとりこわされ、写真類はすべて破棄されていた）。それは、娼妓の全身、あるいは顔だけを撮ったもので、看板写真といわれた。もちろん、当時のことであるから、それらはモノクロ写真である。

客は、その写真によって娼妓の器量を見定める。それらはモノクロ写真である。そして、気にいった娼妓を指名するのがシステムであった。とはいっても、なかにはだいぶ修正されている写真や若い時代の写真もあったようで、部屋で娼妓と対面してびっくり、ということなどもままあったようではある。

お秀さんに補足してもらおう。

「はじめて店に出る娼妓《こども》の写真には、初見世《はつみせ》という札《ふだ》を書いて貼っていました。

そうですがの、ふつう一月《ひとつき》が初見世の期間で、花代《はなだい》（玉代《ぎょくだい》とか線香代《せんこうだい》ともいう）を特別にはつけないが、まあ、お客さんが初見世の娼妓には床花《とこばな》をつけるんだわの。床花というのは、ご祝儀《しゅうぎ》のこと。もちろん、床花は、帳場で回収する。娼妓の懐に入れることは許さんわの。そういうことは、はじめに、きちんとしつけるんです。

そうですがの、初見世の娼妓というのは、廓《くるわ》働きがはじめてというのだけじゃあないがの。よその土地から流れてきたのや、出もどったのや、そんなんも初見世として売るんだわの。その店での初見世じゃから。

男というのは、おかしいですわの。初見世だけをねらうお客も多い。まあ、初見世の札を見ると、だいたいのお客が興味をもつもんです。処女じゃと思いちがいをするお客さんもおりますがの。そう思いこむのは、お客さんの勝手じゃがの、そう思いこんで部屋にあがって床花をはずみ、遊び人ぶったり紳士ぶったりして、あれこれと性技を教えて得意がる人も多かったですわの。そうそう、流れ女郎や出もどり女郎とも知らずに……。

ほんとうの初見世でも、処女はおりゃあせんですがの。店に出す前に、口入れ屋とか主人が何度も試食しとりますがの。そうして、ひととおり仕込んどかんと、商売にはならんですよ。

まあ、ほんとの初見世の娼妓には、それなりに客を見てつけますがね……」

むろん、遊廓で看板写真を掲げる習慣は、写真技術が発達したのちに定着したもので、だいたい全国的にみると、昭和一〇年以降のことである。

それ以前は、客は、張店《はりみせ》をのぞくことで娼妓を選んだ。張店とは、時代劇などでもしばしば再現されるように、格子ごしに娼妓たちが客待ちをした部屋であり、その制度である。

張店は、客にとっては好みの娼妓を自分の目で選べることから歓迎されたが、そこで客待ちをする娼妓たちは、さながら動物園のおりのなかの動物のようであった。

大正五（一九一六）年、折から廃娼運動の高まるなかで、たとえば、警視庁はいちはやく張店を禁止。娼妓の人権侵害を取締まる姿勢をみせた。

それを機に、まず東京、次いで大阪の遊廓から看板写真に切り換えがはじまった。

そして、それが導火線となり、徐々に全国の都市へと波及していったのである。

名古屋では、中村に遊廓が移った当初（大正末期）にはまだ張店が存在したが、昭和五、六年ごろから、看板写真を掲げる娼家がふえだした。看板写真ばかりでなく、アルバム形式の写真帳を使うところもでてきた、という。

「成駒屋」の場合、張店は玄関のたたきの左手にあった。表から格子ごしにのぞける部屋が一二畳、それに六畳の次の間がついている。そこが物置きになっていた。一二畳の部屋にはつくりつけの行李《こうり》棚《だな》が、次の間にはそれに続くかたちで小物用の戸棚があった。

行李棚には、娼妓の源氏名が記されたいくつかの行李（着物、帯、長襦袢などが入っていた）が残されたままだった。娼妓たちが、自分の部屋に収納しきれない衣裳類を運びこんだものなのか。あるいは、タンスが完備した遊廓であれば、この衣裳行李は必要でなかったのかもしれない。

なお、解体屋の田辺某によれば、そこには客用の浴衣《ゆかた》や丹前《たんぜん》の入った行李もあったが、どれもまだ十分に着用できるものだったため、近隣の旅館からいっせいに人がやって来て持ちだしてしまったのだ、という。

小物用の戸棚は、ほとんどが空《から》であった。ただ、一部にかなり大量の医療器具と薬品類が残っていた。戸をあけたとたん、薬品の異臭が鼻をつき、思わず顔をそむけたほどである。

この医療器具と薬品類については、もっとも興味をひくところであるが、詳しい考察はあとにまわすことにしよう。

ほかに元の張店にあったのは、長火鉢（二台）、火鉢にかける大きな鉄瓶《てつびん》、鏡台（姿見）、それに茶道具（盆・急須《きゆうす》・湯呑《ゆのみ》・茶筒）などである。

その部屋は、娼妓たちの休憩場所であった感もする。道具類が、そのくつろぎのようすを示している。たぶん、煙草《たばこ》や雑誌類もあったであろうし、あるいは、楼主によってはラジオぐらいは備えていたかもしれない。

ちなみにお秀さんは、他の店のことはよくわからないとしながらも、「成駒屋」が看板写真を掲げだしたのは戦前（昭和二〇年以前）のことには違いないだろう、という。事実、解体時の現場をみると、かつての張店の前（表）には、軒よりも高く丈がのびた松の植えこみがあり、それがあることで客が表から格子ごしになかをのぞきこむ状況にはない。少なくとも、その部屋は張店としての機能を失って久しく、それゆえに、物置き兼娼妓たちの休憩部屋とみることが妥当であろう、と思わせるのである。

客引きの呼吸

さて、成駒屋にかぎらずどこの店でも、看板写真を掲げて以来、仲居《なかい》が通りにでて客を引くようになった（あらためていうまでもないことだが、それ以前は張店の格子ごしに娼妓が直接客を引いた）。仲居によびこまれて玄関にはいった客は、そこで看板写真を見ながら、仲居の売り口上《こうじょう》を聞くことになる。

このへんが、仲居の腕のみせどころであった。なじみ客はともかく、通りすがりの客は、ここで気にいった娼妓がみつからなければ登楼しない。つまり、ひやかし客も多かった。足を止めた客には、次に遊興費の交渉もある。客をつかめるかどうか、仲居にとって、ここがいちばん大切なところである。

お秀さんは、どうやら客を口説《くど》くのが得意だったらしい。自ら、私の独壇場《どくだんじょう》でした、というほどだ。

「ふつうの店であれば、仲居が六、七人はおるで、そのなかの二人ほどが表に立つわ

大竹銀さんの書いた「成駒屋」の帳面類

けですがの。それで、お客さんを呼びこむんだわな。いらっしゃいませ、いらっしゃいませ、と、とにもかくにも声をかけるのが第一。じゃが、横着な仲居は、腰かけにすわってやるのはええ方で、ついつい居眠りをこいてしもうて主人が用足しから帰ったのにも、いらっしゃいませいらっしゃいませ、と声をかけてしかられた、なんて笑い話のようなこともあったわの。アッハッハッ……。

私なんかは、背が低いで、腰をかがめりゃ、お客さんにはなお丁寧《ていねい》に見えたらしいわの。それで、少し小さい声で呼びかける。ありゃ不思議なもんよの。ささやき声には、たいていのお客さんが足を止めてくれるもんですがの。それから、腰をかがめてゆっくり玄関に入ってゆくと、また、たいていのお客さんがついてきてくれる。急《せ》かさんことだわの。

それで、写真に目がとまったところで、その娘《こ》の売りこみをする。品がええとか、ものごしが柔らかいとか。あとで問題がおきるで、あんまり嘘をいったらいかんわの。なに、外見にとりえがない娘《こ》は、枕上手《まくらじょうず》ということにしておく。あたりさわりがないでしょう。

そのへんの呼吸があるんだわな。そりゃあ呼びこみの仲居によって、客足も違う。じゃから、お客さんをよう入れる仲居は、花代の一割とか五分をもらったもんです」

ともかく、客は、玄関で相方《あいかた》（娼妓）を選ぶ。そして、帳場で登楼の手続きをすませ、部屋にあがる。

帳場とは、いうまでもなく、客の登楼手続き、勘定、もろもろの帳簿の管理など、経営上の事務をとる部屋である。今日風にいえば、フロントである。

それを行うのは主に楼主であるが、楼主にかわって番頭や仲居頭、あるいは簡単なことであれば男衆《おとこしゅ》（下男）がとり行うこともある。

「成駒屋」の帳場は玄関の右手、つまり玄関をはさんで張店の向いにあった。

しかし、残念なことに、私が行ったときはすでに道具類が持ちだされたあとで、ほとんどからっぽであった。かろうじて残されていたのは、何冊かの帳簿類、手火鉢、煙草盆、名札（木札に墨で源氏名を記したもの）など。いずれも棚の上に乱雑に散在していた。

お秀さんによれば、もちろんそこには、本来もっと多くの帳簿類や筆記用具、その他の一般事務用具があるはずだ、という。

また帳場のカウンターか、あるいは玄関ホールの飾り台に、招き猫《まねねこ》を置くのが常だ、という。しかし、「成駒屋」においては、それらもすでに散逸していたのである。

帳場に残っていた『花山帳』から

ところで、帳場の棚にわずかに残存していた帳簿類のなかで、いちばん興味をひいたのが『花山帳《はなやまちょう》』である。

全部で二冊。昭和一四年から一六年にかけてのものであった。

版型はB五判、そのページの厚みは三、四センチもある。がりばん刷りの罫紙《けいし》に厚紙の表紙をとじつけたもので、表紙には墨で太く「花山帳」と記してある。

なかをめくってみると、用箋《ようせん》の一行ごとに「娼妓名・○月○日・○時○分から○

成駒屋の『花山帳』

本」、と書かれていた。大半は、万年筆の筆跡である。

その日時が何をしめしているかは、むろん明らかである。客が登楼した日であり時間なのである（当然のことながら、客名は記されていない）。

それでは、その下の本数は何を表わしているのか。

じつは、線香の本数であった。

昔から遊廓には、客の登楼時間を線香によってはかる習慣があった。もとは、ある娼妓に客がつくと、帳場にある彼女の名札の前に線香を立て、その燃えつきた本数で客の登楼時間をはかったものだ、という。時計が普及する以前の時代を考えると、当然といえば当然の合理である。

さて、私が入手した二冊の『花山帳』であるが、そこに記された線香本数は、じつにまちまちであった。

いちばん短い客で八本、いちばん長い客で一八八本。最少の八本というのは、常識的に考えて、一回の性交をそそくさとすませた場合に相違ない。

これを、一寸間《ちょいま》といった。

一寸間は、ふつう一時間以内と考えられるので、そこから計算すると、一本の時間は、だいたい七分前後になるだろうか。

「でも、そんな計算は、意味がないんだわの」

お秀さんは、ニタリと笑ってそういうのである。

「一本で何分という計算はしないんだわの。一寸間が八本。だいたい、二〇分から三〇分までですわの。早いのは、一五分ぐらいでも帰ってゆく。三〇分を過ぎると、娼妓《こども》に小言《こごと》をいうことにもなるが、そのうちなら何分であげようが娼妓《こども》に任せてあるんです。ただ、一寸間を八本とするだけ。九本、一〇本に書いてあるのは、チップがついた、ということじゃろうな、きっと。縁起もんだで、帳場では、そう書くんだわの」

つまり、線香の本数を数えることは、いわば符丁に等しい帳面上での形式で、実質はすでに形骸化《けいがいか》していたのである。実際の時間は、時計を併用してはかられていた。それを、『花山帳』には割のよい本数で表記してあるのだ。

しかし、旧慣とは、そうしてまでも伝えられるものなのである。

ちなみに、古い資料によれば、旭遊廓（中村遊廓の前身）開設当時（明治一〇年）は、一昼夜を線香四八本とした。この当時は、線香本数が実質をともなっているので、単純計算をもって一時間を二本、三〇分を一本（最少単位）とすればよい。そして、旭遊廓での娼妓には上等・中等・下等という等位があって、上級は一本（三〇分）一二銭五厘、下等で一〇銭と花代が定められていた（名古屋女性史研究会編『母の時代――愛知の女性史』）。

その後、物価がだんだんと高騰する。

それにつれて、最低単位時間である三〇分の本数計算が変化してゆく。つまり、線香の本数をふやし一本の時間を短く計算することで、時代に対応してきたのである。

やがて、大正時代になると、三〇分を三本から五本に数えるようになった、ということ（川瀬徳三郎氏談）。

そして、時計が併用されるようになった。『花山帳』は、いわば宿帳と料金計算帳をかねたようなものである。それを詳しくみていくと、中村遊廓のシステムの一端にふれることができる。

たとえば、昭和一四年一月二九日夕方から翌三〇日午前にかけて、源氏名を順子と名のる娼妓の場合、四人の客をとっている。

自五時〇分至七時〇分一五本
自七時〇分至一〇時一五分二四本
自一〇時三〇分至一二時四〇分一六本
自九時四五分至一〇時五〇分八本

注目すべきは、その時間にだぶりがないことである。つまり、一人一人の客の時間が重複していない。

ほかの娼妓の場合をみてもおなじであった。

つまり、ここで明らかになるのは、中村遊廓には〝廻し〟がなかった、ということである。

〝廻し〟とは、一人の娼妓が同時に二人以上の客をとって、順ぐりに客の相手をしていく接客システムである。その場合、後の客には、待ち時間が含まれていたりもする。関東の遊廓では、それが通例であった。

竹村民郎氏は、著書『廃娼運動』(中央公論社)のなかで、吉原(東京都)のある店について次のように述べている。

I楼の営業用の部屋は本部屋と廻し部屋の二つにわかれている。本部屋は六畳～八畳の部屋で、たんす、茶だんす、長火鉢、鏡台が置いてある。押入に積まれた上等の夜具は絹布で、羽二重、綸子、塩瀬等の派手な友禅模様である。他に銘仙の敷蒲団に、緋の綸子の上着も用意されている。

廻し部屋といって、同一の娼妓に複数の客があった場合、待たされる客が案内される座敷がある。この部屋は一時間遊びの客用にも使われる。それはたいてい三畳一間で電灯が二室に一個という陰気な部屋である。こうした廻し部屋の蒲団は不潔で、夏は汗でぬるぬるし、冬はこびりついた垢で襟のあたりが冷たく感じられる。こんな蒲団に寝た客は、しばしば梅毒に感染する。

こうした関東の遊廓に対して、中村遊廓には〝廻し〟の制度がない（関西の遊廓も同様である）。したがって、間取り図が示すように、廻し部屋といわれる類の部屋がない。

中村遊廓では、娼妓はおのおの一部屋をあてがわれていて、自分についた客はかならずその部屋に通した（先客がいた場合、次の客は登楼できなかった）。もちろん、客を待たせることもなかった。

そのシステムは、中村遊廓の関係者が、とくに東京の遊廓に対してみせるプライドのひとつともなっていた。

「名古屋じゃあ、廻しはせんがの」

したがって、娼妓にとっては、楼主からあてがわれたその部屋は、営業用の部屋であると同時に私室でもあった。自分の持ちものはその部屋に置き、寝起きもそこでした。その点だけを考えれば、アパートの一室とかわりなかった。

ちなみに、〝廻し〟をとっていた関東の遊廓などでは、娼妓各自の部屋が定められ

ある娼家にみる遊客の実態（昭和13年5月1日〜31日）

延客数385人（1日平均12人）		
住所別	市内中村	33人
	他市内	245人
	県内	49人
	県外	58人
職業別	社員・工員	64人
	職人（大工・建具屋・庭師・指物師・塗物師・瀬戸物職人など）	103人
	商人・店員（主として自営，八百屋・クリーニング・呉服屋など）	151人
	農業	25人
	軍人・衛生兵	8人
	僧侶	1人
	公務員・技師	13人
	鉄道員	12人
	力車夫	2人
	沖仲仕	5人
	医師	1人
年齢別	20〜25歳	85人
	26〜30	86人
	31〜40	189人
	41〜50	14人
	51〜	11人

名古屋市立博物館所蔵の『遊客名簿』（中村区西羽衣町「大清水」）から作成。

ていない場合もあった。なかには中村とおなじように娼妓それぞれが自室をもち、客の指名が重なったときだけ別の部屋（廻し部屋）を使うということもあったらしい。しかし、それはかぎられていた。ほとんどの場合は、とくに下級遊廓の場合は、そのときどきに部屋をかえて使っていたようである。そして、客がつかない夜は、控えの大部屋で、接客用の布団とはまるで違う粗末な布団にくるまってザコ寝をしていた、という（越川忠雄氏談）。

中村に〝廻し〟がなかったということに関して、お秀さんがおもしろいエピソードを話してくれた。

「関東大震災のときのことです。そのころの中村は旭遊廓から移転したばかりでもあり、新しい遊廓としていくらでも女郎を受けいれる体制にあったんだわの。そのうわさを聞いてか、吉原を焼けだされた女郎が、この中村へ流れてきた。しばらくは、あとをたたなんだ、とうっすら覚えとるわの。

そういう女郎衆について、太鼓もちも四人ばかりやってきたんですがの。

関東の遊廓では廻しをとりますでしょう。じゃから、部屋にはあがったもんの女がこなんで時間をもてあましている客のために、太鼓もちが場つなぎにおくりこまれたわけでしょう、な。

太鼓もちは、宴席にでるだけではのうて、もとは遊廓に属しとったようじゃね。あのとき、はじめてそのことがわかったんです。

じゃから、吉原が焼けおちて復興のめどがたたなんだとき、女郎とともに太鼓もちも中村へ流れてきたんですがの。

私の記憶では、まあ、若いころなんであやふやなことじゃが、板東なにがしという、東京ではちょっと名の売れた太鼓もちもいたと思います。

でも、ここには〝廻し〟がないので、太鼓もちの働き場所がありませんがの。関西へ行ってもおなじことだわの。

それで、行くなら新潟から北がええじゃろう、というて帰したことがありました。まさか、ここには料理屋で太鼓もちを呼ぶような粋人は来んですがの。

はたして、そのとおりにしたのかどうか、そのあとのことは知りません。

ただ、一人だけここに残った太鼓もちがおりました。その人は、ある遊廓の旦那の世話をうけて、夜鳴きそば屋になったんですがの。毎晩、大門のそばに屋台をだして、そばをつくりながら得意の喋《しゃべ》りで客を楽しませていたようです。客をおもしろおかしくさせて、旦那の経営する遊廓に案内するのも仕事のうちじゃったようですの。けど、それも結局二、三年でした。吉原が復興すると、その太鼓もちは喜んで東京に帰っていきおったから。

吉原のあたりは、いまもにぎわっているんでしょうな。話には聞いていますがの。ことはだいぶ違うわの……」

六畳間にそなえつけの道具は七点

「成駒屋」の二階は、中庭をまんなかに、手すりのついた廊下がぐるりをめぐっている。

本来、その手すりのところは吹きさらしで、そこから中庭がのぞけたものであるが、昭和二〇年代（推定）にガラス戸が中庭に面してたてられた。

一方、廊下の外側は、四面とも娼妓の部屋である。

娼妓の部屋は、先にも少しふれたとおり、ひとつひとつがそれぞれに生活臭があって多少の雰囲気の違いをもっていたが、八畳間か六畳間。とくに「成駒屋」には、六畳の部屋が多かった。

入口はひき戸。それがくぐり戸風になっているところもあれば、ふつうのひき戸の様式もある。鍵はついていない。

その入口のひき戸の上に、ちょうど蒲鉾《かまぼこ》ぐらいの寸法の木札《もくさつ》がかかっている。そこに、墨文字で部屋名が書いてあった。「成駒屋」では、部屋名はひじょうに単純で、一号室、二号室という表示であった。

そうした部屋への入口からして、さほどの凝《こ》りがみられない。つまり、「成駒屋」の格式はさほど高くはなかったのであろう、とそこからも推察することができる。そのことは、現在の特殊浴場の部屋名やその表示方法などにも相通じるひとつの規準ではなかろうか。遊廓の形式が特殊浴場にそのまま移行したとはいえないが、両者のあいだには不断の連続性があるようである。

あとで、それをお秀さんに確かめてみる。お秀さんは、またニヤリと笑い、上目づかいに答えるのである。

「あんたも、いろいろよく想像しなさるの。そのとおりですがの。

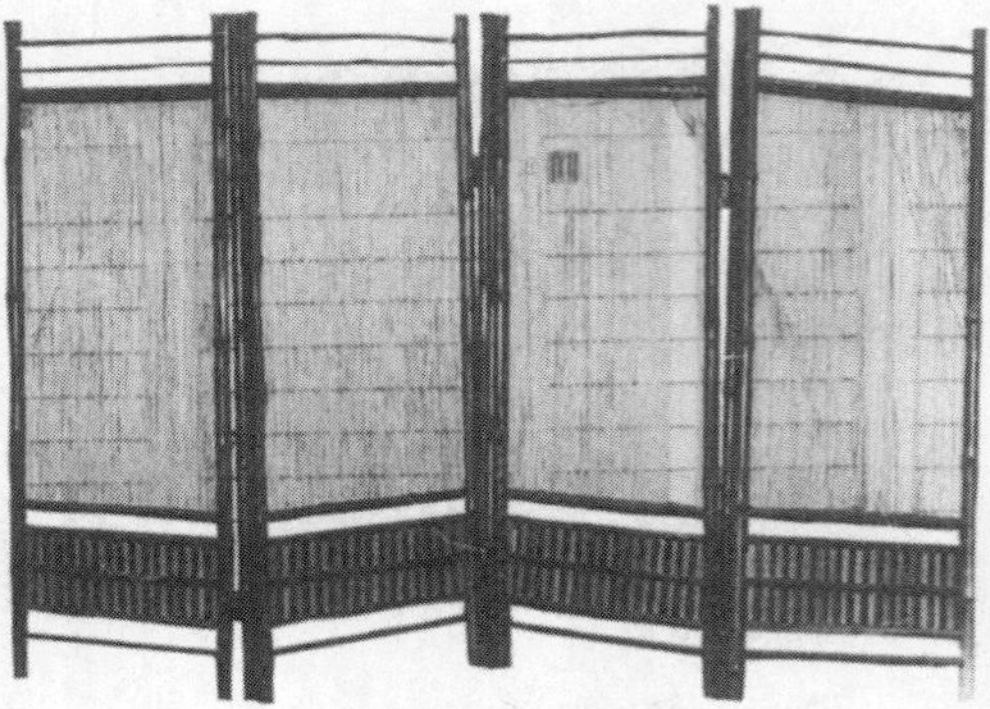

夏用のすだれ屏風

私は、四海波におったでしょう。ああいう高級店であれば、一号室・二号室なんてことにはせんよの。菖蒲《あやめ》とか紅葉《もみじ》とか、部屋の名前ひとつにも凝りますがの。

成駒屋をよう知らんでいかんが、部屋の構えがそうなら道具もそんなもんじゃろうの。まあ、トルコ（ソープランド）でいうと、いまのうち（新金波）のようなもんじゃろうの。二流は、何から何まで二流で、まあ、そうしとかんと、ふつうのお客さんが気楽に入れませんがの。一流の店と二流どころでの道具だては、たしかに違いますわいの」

さて、入口の戸をあけ、部屋に入る。

入口の戸は一重《ひとえ》。つまり、ひき戸を引くとす

脱衣籠

ぐ畳の部屋である。

「成駒屋」の部屋の場合は、放置されてすでに二十数年。鼻も少しはなれたはずなのに、部屋ごとにひどくかび臭かった。

とくに、二階の部屋には道具がよく残っていて、ほぼ原形をとどめているように思えた。まず、目についたのは半折（丈が半間）二双《にそう》の屛風《びょうぶ》。つまり、枕屛風である。

ふつう、枕元にたてかけるが、部屋の構造によっては足元におく場合もあった、という。これを足元にたてかけることによって、入口のひき戸をあけてもなかがすべてのぞけない。枕屛風は、すきま風をふせぐだけではなく、そうした目かくしの役目もはたしていたそうなのである。

次に、衣桁《いこう》と脱衣籠（衣裳籠）。衣桁は黒漆塗《くろうるしぬり》、脱衣籠は煤竹《すすたけ》（といっても、じつは煤竹風に染めた竹）でできている。

この三点（枕屏風・衣桁・脱衣籠）は、どの部屋（二階の九部屋）にも残存した。そして、いずれの部屋のものをみても、その形態にほとんど違いがない。

ということは、一括して購入したもの、ということが想像できる。したがって、これらは、楼主がある程度の数をまとめて買いそろえ、各部屋に置いたものではなかろうか、と思えた。

次に、布団《ふとん》や枕。

半分あけはなたれた押し入れからのぞいている布団は、掛敷《かけしき》とも赤と黄を主調とした格子縞《こうしじま》の木綿布団《もめんぶとん》が多い。ほとんど、シーツははずされている。

これも、楼主が買いそろえたものなのか。

ただし、部屋によっては上等な絹布団が備わっているところもあった。

赤地に金紗《きんしゃ》を織りまぜた絹布団など、一般社会の日常生活にはあまりそぐわないどくどくしさであるが、高価な品であることは間違いない。こうした絹布団は、娼妓が自前で買ったものではあるまいか。

布団に関していえば、原則として楼主が木綿布団を買い与えたものの、それに飽きたらない娼妓は、なじみの客への配慮もあってか、別に絹布団などを自分で用意したのであろう。

お秀さんが証言する。

「あんたの見当で、だいたいよろしいがの。そう、布団に枕屏風、衣桁、火鉢、これらは雇い主がそろえるもんじゃわいの。それに、あとになってからはタンスもあてがうようになったが、まあ、昔のことをいうと、ふつうのところは脱衣籠や柳行李ですませとったわいの。

そういう雇い主が娼妓《こども》にあてがって揃えてやるもんというのは、だいたい粗末なものですがの。四海波や稲本あたりの大家は、それなりに上等な調度品を買いそろえてもやるが、二流、三流の娼家《みせ》ともなると、道具には金をかけん。それが、ふつう。成駒屋のもんも、上等じゃあなかったでしょう。

部屋のつくり、娼妓《こども》の質、お客さんの質との兼ねあいがあるから、調度品だけ上等なものというわけにもいかんですがの。

箱枕（枕部分は欠損）

それでも、なかには、あてがいの道具では飽きたらん娘《こ》もおるんです。教養なんていう結構なもんじゃあないわの、遊廓には教養なんてものはいらん。女の見栄《みえ》ですがの。娼妓同士《こども》が見栄をはりあう。とくに、なじみのお客ができると、何かしら部屋を飾ろうとしだすもんなんですの。それで、見栄をはりすぎた娘《こ》は、前借《ぜんしゃく》（借金）がいくらあるなんてことも忘れて、身分不相応なものを買ったりするんじゃわの。

たとえばっていわれると、絹の布団とか、総漆塗の長火鉢とか、有名な先生が書（描）いた書とか画が表装してある屏風とか……。

それを、また斡旋《あっせん》する商売人が、雇い主にとり入って、うまいことといって出入りしとったんです。

だいたい、遊廓というところは、女の見栄と嫉妬《やきもち》がうまくからみあって商売がなりたっているところなん

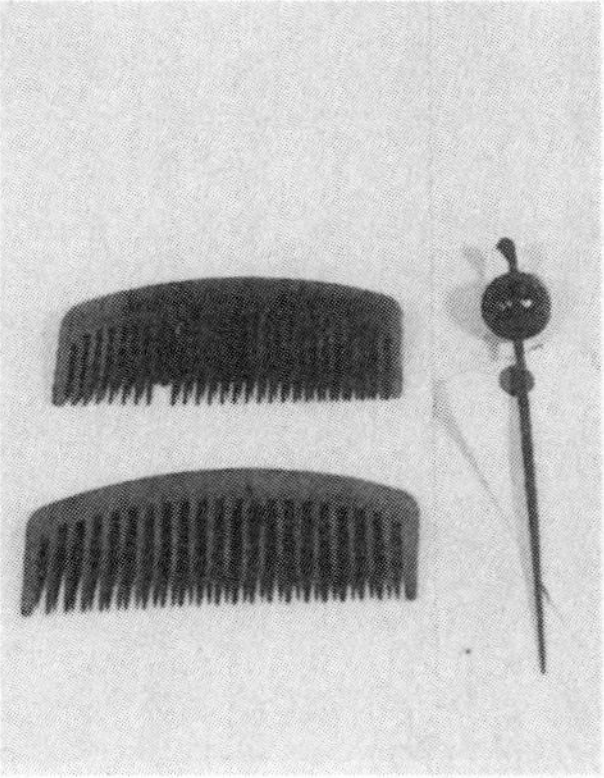

櫛・かんざしと姫鏡台

じゃわの」

枕についてもおなじことがいえる。

一般的な袋枕は楼主が買い与えたものであるが、部屋によっては箱枕《はこまくら》や陶枕《とうちん》がでてくる。箱枕は、髷《まげ》をゆっていた時代に使った枕で、朱塗の台に麻か木綿の布袋がついている（芯は藁《わら》）。

また、陶枕は磁器製の枕で、頭にあてたとき涼しいことから夏用の枕として、とくに血圧の高い人に好んで使われたものである。

しかし、箱枕は、その機能を失ってすでに久しい。陶枕にしても、一般的にはほとんど使われていなかったといってよい。

その存在を、どう解釈するか。たとえば、

陶枕については、頭痛もちの娼妓が自ら買い求めて使用した、とも思える。が、好いたなじみ客のため、とも思え、そういうふうに想像をたくましくする方が楽しくはある。そうしたある種の風流の演出は、当然あったはずである。

ほかにも、原則としては楼主がそろえたにもかかわらず、娼妓が自分の好みや経済力にそって買い求めたと思われるものがある。

その代表的なものは、鏡台《きょうだい》と火鉢である。

さまざまな形態と色彩がみられる。

まず、鏡台であるが、ある部屋には時代がかった花嫁道具もかくあっただろう、といえるような立派な朱塗の鏡台が残っていた。縦が四尺（約一二〇センチ）もあるような大きな一枚鏡で、引きだしもついている。そのなかには、櫛《くし》や化粧品類が残されたままであった。

また、ある部屋には朱塗の瀟洒《しようしや》な姫鏡台があった。さらに、スタンド式のあわせ鏡のある部屋もみられた。

火鉢も、部屋ごとにさまざまであった。瀬戸焼の染付火鉢もあれば、信楽《しがらき》焼の渋い青色釉の火鉢もある。なかには九谷焼で赤絵のみごとな手あぶり（ひとり火鉢）もあった。この九谷焼の手あぶりなどは昔の芝居見物でよく使われたもので、家庭で使うことは皆無といってよい。つまり、客をもてなすための部屋のアクセントとして、娼妓がそれぞれの感覚で買い求めた小道具類、と位置づけてよかろう。

女心はかくも優しいものであった、などというつもりはない。

だが、苦界《くがい》（遊女、娼妓などの境遇）に身をしずめた女性たちが、かぎられた生活空間のなかで、しかも働けどもなお借金が減らない境遇のなかで、部屋に備えつけの小道具類の一部を自前の品にとりかえてゆく。なんともむなしいことだが、そこにある種の優しさがあるようにも思える。

屏風・衣桁・脱衣籠・布団・枕・鏡台・火鉢の七種。それらの部屋に備えつけの小道具類は、はじめに楼主が娼妓に貸与したものに相違ない。しかし、それらは、実用一点ばりのものであった。たとえば、木綿布団や白木の鏡台などは、女性のこまやかな美感覚をもって満足できるものではないように思える。

そこに、娼妓たちの物質欲を喚起させようとする楼主の深遠な策謀があったのかどうか（後述することになるが、楼主は娼妓が物品を購入すれば中間搾取できるしくみになっていた）。そのことは別にして、娼妓たちは、あてがわれた小道具類に満足せず、自分の好みの道具を部分的にしろ買い求めてもいったのである。あるいは、そこに、彼女たち自身の、もっとしたたかな商魂もあったのかもしれない。

しかし、彼女たちは、そうした道具類を部屋に残したまま去っていった。それらに、彼女たちの愛着はなかったのか。たしかに、赤地に金紗《きんしゃ》の模様がついた絹布団や朱塗の箱枕・姫鏡台などは、遊廓の部屋にあってこそいきるものであろう。一般の日常生活では、およそ無縁なもの。彼女たちは、それらを捨てて当然だったのだ。

そういう意味からも、遊廓世界は、明らかにハレ（非日常）の世界なのであった。そして、彼女たちにとってのそこは、あくまでも仮の居場所であったのであろう。

自前の道具類のさまざま

以上述べた七点の基本的な小道具類のほかにも、部屋ごとにさまざまな道具が残されていた。

たとえば、水屋《みずや》。

水屋は、二階の九部屋のうち三部屋に残存した。いずれも、家庭用のそれに比べると小型である。ちなみに、そのうちのひとつの寸法は、七八センチ×二五センチ×七二センチであった。

その水屋のなかには、湯呑茶碗と急須と、それに茶筒などの茶道具一式が残されていた。

湯呑茶碗でみると、常滑《とこなめ》焼の朱泥《しゅでい》碗や瀬戸焼の染付碗、それに九谷焼の赤錦碗があった。いずれも、高級品とはいいがたい。よくて二級品、おおむねソバカス（窯場で常用されている言葉で、焼成中に釉薬《うわぐすり》が散って不必要な点を呈した状態をいう）がついた三級品である。湯呑茶碗にかぎらず、やきものに常滑焼や瀬戸焼が多いのは、これは土地柄というものであろう。

その多くに、夫婦茶碗が用意されているのがおもしろい。が、その詮索は、あとにまわすことにする。

水屋のひとつには、抹茶《まっちゃ》茶碗があった。緑の釉薬がかかり、錆《さび》色の井桁《いげた》模様が施された織部《おりべ》茶碗である。それに、茶筅《ちゃせん》となつめ（茶入れ）もそろっている。それらは、明らかに使用の痕跡を残していた。

湯吞茶碗と酒徳利

娼妓のなかに、茶道の趣味をもつ者がいた。そのことにさほどの驚きはないが、「成駒屋」が中流以下の遊廓であったことを考えると、いささか場違いな道具のようにもみえる。それは、彼女の素養であったのか、あるいは、客のなかに粋人がいたということなのか。

さらに、水屋のなかには、コーヒー碗やガラスコップが入っていた。

コーヒー碗は、白磁の厚手のもの。縁に緑の線が二本、裏に「瀬」の印がある。

私は、これを終戦直後（昭和二〇年代）の瀬戸焼、とみた。線模様だけというのは、終戦直後の混乱期にまだ十分に釉薬（この場合は化学釉薬）が入手できなかったことを物語っている。また、「瀬」の印は、戦時中の経

ガラス器のいろいろ

済統制令（生活必需物資統制令）の名残ではなかろうか。経済統制令のもとでは、各窯場ごとに、その頭文字と番号を記していた。瀬戸焼が総じて「瀬」を記したのは、戦時中から終戦直後にかけてだけのことなのである。

そして、そうだとすると、終戦直後に進駐軍の兵士たちが登楼した時代背景と、まことに都合よく合致する。

もっとも、この手のコーヒー碗は、台所にもかなりの数があった。そこで、これは楼主が進駐軍の登楼をみこして一括購入したもので、そののち一碗二碗と娼妓の部屋に持ちこまれてそのままになっていたもの、と想像することもできよう。

飾りものだろう、といったのは、お秀さん

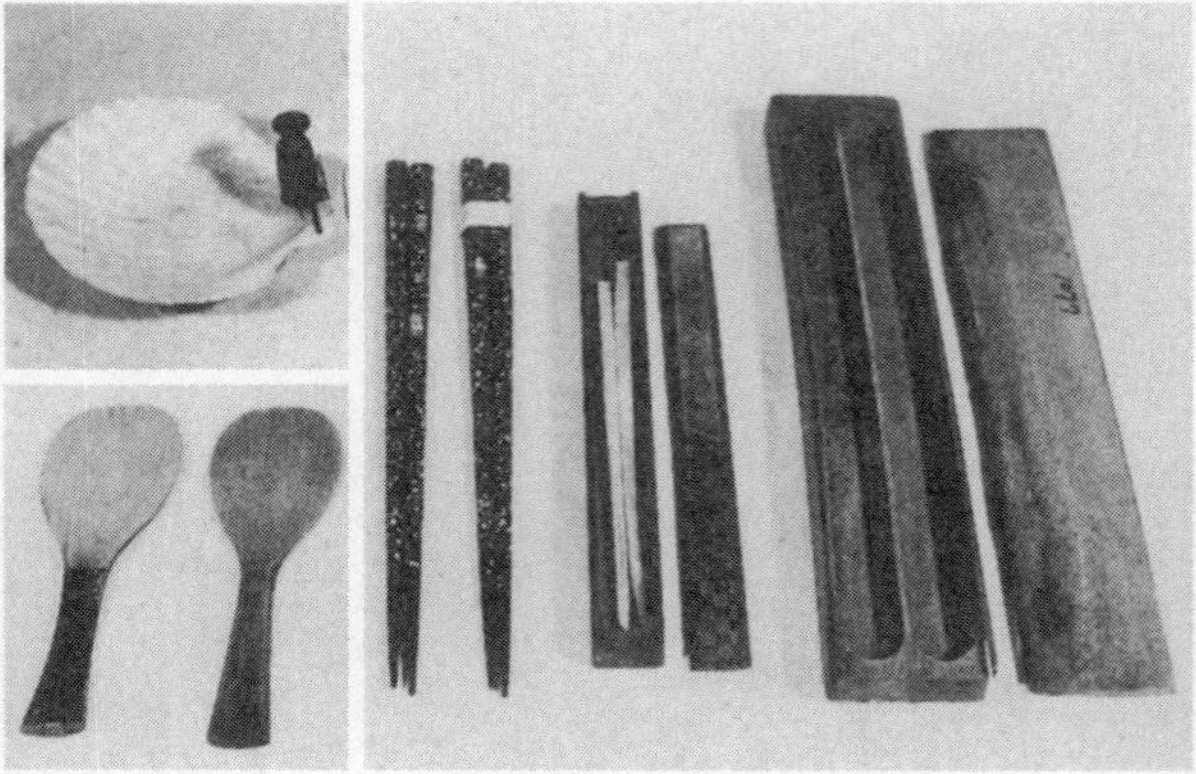

貝の手鍋と箸などの台所用具

であった。昭和二〇年代から三〇年代にかけては、まだ物資が十分でなく、とくに農山漁村から都会にでてきた人たちには、コーヒー碗や洋酒瓶さえもの珍しく、部屋の装飾品にもなりえた、というのである。

一方、ガラスコップであるが、ごくふつうのものにまじって、十六面カットのひじょうにスマートな青味がかったコップひとそろい（六個）があった。それは、現在でも、接客用として十分に通用するものである。

のちに、ガラス器の研究者である矢島みゆきさん（在ミラノ）にその判定を依頼したところ、大正から昭和にかけての日本では有数のカット技術によるコップである、という回答を得た。全体的に戦後の安価な商品が多い遊廓の部屋のなかで、それはあまりにも異彩をはなっている。どう位置づければよいか、よくわからない。

そのほかには、草花模様が彫りこまれている薄手のシェリーグラスもあった。そのそばには、酒瓶も残っていた。それも、ワインやウイスキーの陶器の瓶である。ワインの瓶には、肩に把手《とって》がついている。

ちなみに、日本で洋酒が普及したのは戦後（第二次世界大戦後）のことである。それも本格的な普及となると昭和三〇年代のことで、これもコーヒー碗同様に、進駐軍の登楼があった時代を背景として考えるのが妥当ではなかろうか。

さて、そのほかには、水屋のなかには小型の土鍋《どなべ》や行平《ゆきひら》などがあった。土鍋は瀬戸（愛知県）で焼いた素焼質で、蓋《ふた》の表面に薄く織部《おりべ》風《ふう》の釉薬がかかっている。

行平は把手、注ぎ口、蓋つきの深手の鍋で、そこに残されていたのは信楽《しがらき》（滋賀県）や伊賀（三重県）で焼かれたものである。

土鍋や行平にあわせて、磁器製とジュラルミン製の匙《さじ》も相当数あった。中華料理で用いるレンゲや鍋焼きうどんにつく匙の類である。

それに、ごくありふれた染付の飯茶碗や竹製の丸箸も残されていた。

——以上が、水屋を中心に残存していた民具類である。

もちろん、食器がほとんどである。あと、薬袋・竹筒・きせるなどが水屋のなかに置きわすれられていたが、それらにはあまりこだわりをもたないでおく。あくまでもここでは、平均的な娼妓の部屋を描きだしたいからである。

娼妓の接客術とは

それにしても、娼妓の部屋にはこまごまと食器が多い。

それは、何を意味するのか——。

ちなみに、遊廓における娼妓たちには、三食賄《まかな》いがついていた。それが十分であったかどうかは別にして、「成駒屋」の場合だと一階奥の台所での食事が保証されていたことは、食器類の残存の状況からしても明らかであろう。

また、張店（のちの控室）での茶やおやつぐらいも許されていた、という。

単純にたとえれば、それは学校や会社における寮の食事のようなものであっただろう。どうしても味気のないものになりがちである。少なくとも、個人の嗜好《しこう》は十分に満たされない。そこで、自室でも飲茶や軽食がとれるように簡単な調理用具や食器を求めることにもなったのだろう。

そうした個人的な欲求は、むろんあって当然のことである。しかし、遊廓の生活には、学校や会社の寮生活とは根本的な違いがある。何よりも、娼妓の部屋は、彼女たちの生活の場でもあるが、それは全体からすると一部であって、優先すべくは接客の場なのである。

したがって、一方には客の趣味・嗜好をもかんがみて、なじみ客の関心をなおつなぎたいという哀れにもしたたかな女心が、あてがわれた調度品のほかにそうした道具類をこまごまとそろえる大きな原因になったのではなかろうか。個人的な欲求とは別な基準がありそうだ。

道具を一点一点あたってゆくにつれ、私のなかで、そのことは想像の域を脱して確信の域に近づいていった。

たとえば、湯呑茶碗は、おしなべて夫婦茶碗なのである。

二つならんだ大小の湯呑茶碗は、娼妓たちのまだみはてぬ結婚生活へのあこがれを表わしたものなのか、あるいは客を主人として扱うことで客の自尊心をくすぐろうとしたものなのか。それは、知るよしもない。たぶん、両方の気持ちが微妙に交錯してのことだっただろう。

だが、私は、そこには娼妓の感傷よりも商魂の方がしたたかにあらわれている、とみるのである。かなり、はっきりとそう推理する。

そのひとつの根拠は、あるトルコ嬢（私が出会ったときは、トルコ風呂・トルコ嬢といっていた）の述懐にある。

話がわきにそれることになるが、私は、この一〇年来、盛り場に興味を抱いている。盛り場のなかでもとくに、夜の盛り場に興味が集中している。それは、高尚な学問的興味というよりも、酒好きの本性が盛り場を徘徊《はいかい》させているとしかいいようがないものである。それでも、盛り場に働く多くの人たちとのつきあいが深まってゆき、それにつれて、何人かの人からかなり本音に近い話も聞きとっている。

そのなかで、東京の湯島天神下（文京区）の特殊浴場に働くベテランのトルコ嬢の体験談が印象深いものだったのである。

「こういうところに来るお客さんは、私たちの身の上話を聞きたがるものですよ。一〇人が一〇人とはいわないけど、まあ、一〇人のうち七、八人は聞きたがりますね。お客さん、というよりも、男の人ってそういうところがあるみたい。身の上話を聞いて、もちろんそれを信じるわけじゃないでしょうが、それでも身につまされた気分になって、同情をよせるわけでしょう。自分だけにこんな身の上話をしてるんだ、と自己満足するんじゃあないですか。自分だけ、と思いこむところがかわいい、というか、おもしろいんですね。

だから、私たちは、お客さんが身近なところで納得してくれるようなつくり話をするわけです。それも、とおり一遍ではありません。

たとえば、サラリーマン風の人には、ＯＬで銀行に勤めていた、上司とオフィスラブに陥《おちい》って銀行を辞めさせられ、酒場で泣き上戸になっているところを見知らぬ男からやさしい一言をかけられて行きずりの一夜を共にしたら、これがヤクザだった、というような話をします。

また、中小企業の経営者風の人には、さるやんごとなき家に生まれたようなことをにおわせるし、学校の先生やお役人風の人には、貧乏な家に生まれ育ち両親は病弱で弟妹はまだ幼い、というような話をします。

要は、お客さんが優越感をもって自己満足してくれればいいわけで、私たちにとってはリップサービスなんですが、まず見破られることはありません。もっと有効なのは、スリッパとかハンガーとか、小道具を利用することですね。煙草やライターでもいいです。それを一対《いっつい》ずつ用意してネームプレートなんかつけましてね、一方に〈あなた〉、もう一方に〈わたし〉とさりげなく書いておくんです。もちろん、〈あなた〉は、不特定多数のお客さんにきまっていますよ。でも、お客さんは、ほとんどがにんまりしてくれますね。お愛想とわかってはいても、悪い気はしないはずです。そうです、恋人気どり、夫婦気どりを演出するわけです」

もちろん、現在のトルコ嬢とかつての遊廓の娼妓の接客術を同列同等とするのは早計である。が、一方、すでに述べてきたように、遊廓が廃《すた》れた直後に、トルコ風呂の営業が本格化した経緯がある。中村や吉原のように、遊廓の跡地が特殊浴場街になった例も少なくない。また、トルコ風呂で、そこが密室に等しい状況にあるだけに売春行為、もしくはそれに準ずる行為が行われているだろうことも、周知の事実というものであろう。

とすれば、両者のあいだに、一脈相通じる部分がある、とするのもあながち的はずれなことではない。少なくとも、苦界に身を投じた女性たちは、悲しくもけなげな気持ちをもち続けただけではない。一方で、したたかな商魂をはぐくんでいったのだ。そこに、色香や優しさ、言葉や性技などがからみあっての〝娼妓の術〟というべき接客の法が形成されていたに相違あるまい。

という確信じみた想像をもって、あらためてお秀さんに問い直してみた。

「まあ、そんなもんだわの。でも、あんたは素人《しろうと》で若いくせにして、よう考えがまわることじゃの。感心してしまうわの。

そんなところです。そりゃあ、考えてもみんさい。いまのトルコ（ソープランド）でもそうじゃが、昔の遊廓は、なおそうですがの。田舎《いなか》娘がぽっと出てきて、客商売がつとまるはずがないでしょう。そりゃあ、仲介屋（口入れ屋）が何日かは手元において、それなりに仕こんではくるけど、まあ、いうてみれば、昨日まで野良にでていたような娼妓《こども》たちでしょう。口のきき方も、茶のたて方も知りませんがの。

客を楽しませるまでには、相当手がかかります。まあ、もともと色気だけが発達しとって女郎になるのに生まれたような娘《こ》もおるけど、ふつうは演技を身につけるからつとまるんです。そりゃあ、部屋のなかでは二人きりじゃからの、夫婦《みょうと》気どりがいちばんええでしょう。

放っておいて身につくはずがないですがの。私らが教えたんです。とくに、女郎あがりの仲居は、そういう教育係になっとったんだわの。夫婦茶碗を買うたりするのからはじまって、何もかも……。

まあ、伝統といえばそうなるかもしれんが、遊廓には遊廓の教育や技術がありますわの。一流には一流なりの、二流には二流なりの、その共通する基本は、あたりまえのことじゃが、お客さんを気分ようしてあげることじゃわの。

いまのトルコでは、もう教育なんかできんわの。あんまりだらしないのには口を出すが、口うるさくいうとすぐに退《や》めてしまう。それに、このごろの娘は、教えんでも男を楽しませることをよう知っとりますがの……アッハッハッ……」

同様に、コーヒー碗にしても、土鍋・行平にしても、娼妓が、自分のためというよりも、客との間にある雰囲気を演出するための小道具として位置づけるのが妥当であろう。

しかし、なぜ、それほどまでに娼妓は客の関心を引きよせようとしたのか。通りすがりの客も多かったはずなのにである。

「そりゃあ、あたりまえのこと、第一に商売心じゃわの。一人でも多くご指名さん（指名の客）をつけて稼がんことには年季もあけませんがの。

それと、自分で商売熱心になった方が、体を開くのも苦しくはなくなるわの。女の気持ちはチマチマネチネチと微妙じゃが、あきらめも早い。あきらめて商売熱をあげんことには、売春なんてできゃあしないがの。ああ、いまのトルコの女だって、そのことは同じだね。道徳とか良心とか、どっかに忘れとかんことにはやっていけんのじゃわの。

まあ、これは、あんたにはよくわからんかもしれんが、もうひとつ、女郎でもトルコの娘《こ》でも、これと思うた相手には案外に前後の見境もなく一所懸命いれこんだりするもんでしての。とくに、女郎衆は。なかには、好いてほれていれこむのもいたが、こりゃあだめになることが多かった。花代を女がたてかえて、あげくふみたおされるのがおちじゃから……。

賢い娼妓《こども》がいれこむ相手は、身請《みう》けをしてくれるような男性《おとこ》です。誰だって、遊廓から早く出たい、と思うていますからの。そればかりか、どういう立場にあっても人並みに家庭をもつ夢ももっとる。それが、女の性《さが》というもんでしょうがの。じゃが、どうしてどうして、自分が体で稼ぐだけじゃあ、なかなか前借《ぜんしゃく》（借金）が返せん。それが遊廓というもんで、働けど働けど借金が減らんしくみになっているんだわの。それじゃで、ええ旦那があれば、二号さんでも何でもいいから身請けしてもらいたい、と思う娼妓《こども》がおっても不思議じゃあないじゃろうがの。

事実、そういう娼妓《こども》が何人もおったですよ。

遊廓の娼妓《こども》にとってみると、身請けもある意味で結婚のようなもんですからの。そのためには、気だてのいいことをみせようとしますがの」

お秀さんは、そういったものである。

そうした娼妓たちの心情を哀れとみるか、それともしたたかとみるか、それこそ所詮は部外者の淡い感傷というものかもしれない。

娼妓がモノを買うのは出入り商人から

ところで娼妓たちは、そうした銘々の道具類をどのようにして買い求めたのだろうか――。

遊廓の出入口には、大門《おおもん》がある。

この大門は、遊廓と一般社会をへだてる象徴である。大門の存在は、物理的な境界というよりも、より精神的に強固な境界となっていた。

かつては、娼妓たちは、無断で大門から出ることを許されていなかった。許可なくして外に出れば、足ぬけ（重罪）となった。

それは、小説や時代劇などで、すでに周知のことであろう。ただ、法的には、大正一五（一九二六）年の公娼制度の改正によって、以後は娼妓の外出は自由となっていた。しかし、実際には、遊廓のさまざまな就業内規とでもいうべき規則のために、その後も長いあいだ、娼妓たちは大門から外へは出られなかったのである。

中村でも、娼妓が映画や縁日の見物に行くのは許されないでもなかった。だが、その場合も、交代制で一人か二人しか行けず、しかも、それにはかならず仲居や男衆がつきそうものであった。

そうした状況にあった彼女たちであるから、市中の小売店に出むいて衣服や食器などをゆっくり選んで買うなんてことができるはずがなかった。かといって、大門の内には、彼女たちの欲求を満たすような売店は皆無に等しかった。ならば、楼主や仲居頭に頼んで買ってもらうしかないだろう。

そこに、遊廓の経営者たちの深遠なる策略がはたらいていたかもしれない。

それについて、お秀さんは、しごくあっさりと答えたものだ。

「買いものだって、勝手にさせるわけがないわの。買いものひとつにも、遊廓には遊廓のしきたりがある。

遊廓には、出入りの商人がいて、それから買うんだわの。買わせる、といった方がええかの。そこに、女郎屋の親父《おやじ》のうまみがありますんじゃがの」

そのことに関連して、その直後に、小木曽三郎さん（平成元年現在、七四歳）が明確に傍証してくれた。小木曽さんは、ワンチャ（茶碗を逆転したテキヤ言葉）といわれるセトモノ（陶磁器）の行商人である。

「ワシ（儂）は、戦後（昭和二〇年以後）ずっと茶碗屋をやってきたがの、いまは露店売りばっかりだが、昭和三〇年ごろまでは、そう遊廓があったころは、高市《たかまち》（祭りや縁日での露店市）のとぎれた時期には、よう中村に売りに行ったんだわの。あんたも知ってなさる名古屋の長者町一家（テキヤ）の小栗義高の親父も、中村によう行ってた。

というても、中村じゃあ、たあした商売にはならあせんがの。まあ、ワシも遊んどったでね、女郎買いに行く方便にケチくさあ商売をやったんだわね。前行ったときに、女郎からどんなセトモン（陶磁器）がいるか聞いといて、次に行ったときに届けてやる。

それが、結構ええ値段で売れるんだわね。ふつうのところと違うからの、遊廓の主人か番頭に、これこれしかじかで誰それにこの茶碗を届けたいが、とまず仁義をきる。そうすると、先方で値段をつけてくるがの。これだけで売らっさい、と。その値段が、だいたい相場の倍とか三倍とかになる。そうじゃよ、先方の主人なり番頭なりとワシが談合しとるわけじゃが、その利ざやを折半して懐《ふところ》にいれるんだわの。女郎はなにも知らんで高い品もんを買わされるわけだ。

セトモンだけじゃなあがの。着物にしても、下駄にしても、手ぬぐいやちり紙までも、出入りの商売人から買うんだもんの。ひとつひとつの値段はたあしたことがのうても、ほとんどが主人がたてかえ払いのつけじゃから、ついつい買いこんでしまうことになって、そうすりゃあ、あんた、一年二年のうちにゃあ相当な額になるわいの。借金は減らあせんがの。

ワシらも旅まわりのテキヤ稼業だもんで、口八丁手八丁の商売をやってきたがの、遊廓の主人ほどあこぎなこたあせんかったわいの」

娼妓たちの購買欲に対しては、楼主はむしろ好んでたてかえ払いもしていたようである。娼妓が出入りの商人からモノを買えば買うだけ楼主は儲《もう》かることになり、さらに、そのたてかえ金をもって娼妓の身を縛ることができたのである。

娼妓の部屋には、膳食器や丼鉢はなかった。一般的に、娼家では客に食事を賄うことをしない。中村においては、「四海波」、「稲本」、「長春」などかぎられた大店と数軒の揚げ屋以外には、板場《いたば》（料理場）を有する家はなかった。しかし、客が求めれば、酒はだしたし、出前料理もとった。戦後は、前述したように営業種目が特殊飲食店ということで許可されており各娼家には喫茶・飲酒のためのホールもできたが、それでも、飲食は部屋での出前に頼ることが多かった。もちろん、その料金は客に請求すべきものであったが、なじみ客ともなれば娼妓のたてかえ払いともなった。娼妓の払いとなれば、ほとんどの場合が楼主がたてかえてつけにするわけで、その種の出前代金も市価の何倍かに記帳されることになったのである。

そのあたりの話になると、お秀さんは、私が知り得た遊廓のしくみについてあらためて感心したり驚いたりする一方で、そんなことあたりまえだ、といわんばかりの冷笑や苦笑を返したりするのである。しかし、彼女がそうした表情の変化をみせること自体は、私との会話に慣れて警戒心をといてきたことなのかもしれない。

「あんた、そんなことで驚いてたらいかんがの。

遊廓の世界には遊廓のしきたりがある、といったでしょう。ふつうの社会では通じないことでも、遊廓では通じるんだわの。とくに、娼妓《こども》の管理は、あの手この手でからめてうまいことしくんである。法律では、娼妓に不当な労働をさせたらいかん、ということになっているんだから、からめ手で身を縛らんことには働くはずがないですがの。

出入りの商人からの買いものは、みんな高くつく。湯の一杯だって金がかかる。これ、ほんとうですがの。

湯つぎ屋という商売があった。湯たんぽに湯を注いでまわるんですわの。主人は娼妓《こども》たちに布団だけはあてがいますがの、炬燵《こたつ》や湯たんぽまでは用意せん。そうですがの、暖房具も、炭も湯も娼妓《こども》たちの自前です。自分だけならがまんもできるが、お客さん相手じゃから、結局は、不合理でも買わんわけにはいかんですわの。

そういうこと、いちいちあげていったらきりがないがの」

しかし、それにしても、湯たんぽの湯まで娼妓もちとは、なんと徹底していたことだろうか。それも、昭和二〇年代の後半で、湯たんぽ一杯の湯が一〇円もしたというから驚きである。なお、この湯つぎは、廓内で働く男衆の副業にもなっていた、という。

もちろん、病気のときの治療代や薬代なども、すべて娼妓の自弁であった。

借金が増えるしくみ

以上のように遊廓の風景を再描してみると、その商売のしくみは実に巧みである。私は、ただ心情的な面でのみ娼妓たちの立場に理解を示そうとは思わない。〝残酷〟とか〝搾取〟とかいう言葉を容易に使いたくない、と思っていた。

しかし、やはり娼妓たちにとっては、遊廓のしくみは理不尽な部分をあまりにも多く含んでいた。そういわざるをえない。

楼主は、商売上必要最小限の衣裳や小道具類と、三食の食事以外は娼妓に与えなかった。

そこで、娼妓たちは、それ以外に日常に必要なものは楼主と通じた持ちこみ行商に頼らざるをえなく、その結果は、ますます自らを窮地に追いこむことになったのである。

その実例を、数字でみてみよう。

といっても、中村における適当な資料がなかなかみつからない。あっても、非公開という制約がついた資料である。そこで、大正期の旭遊廓での資料（『母の時代――愛知の女性史』所収の名古屋市中区、松山民右衛門氏所蔵契約書類）から数値を抽出してみる。なお、その実態は、数字の変動はあるものの以後もひきつがれていった、と考えてよい。

そこで、大正三（一九一四）年四月、旭廓のある娼家にあがったA子（当時二〇歳）の場合である。

「金圓貸借及娼妓出稼契約證書」によれば、彼女の前借金は三〇〇円（ただし、その一割の三〇円は、一年以内の廃業替業の損料や逃亡時の捜索費として楼主の預り金とされた）。開業の日から五年間娼妓稼業をなし、その所得で債務を返済する。その間の食費と寄寓料は楼主もちだが、病気の治療費などは自弁、とある。

彼女の線香代（花代）は、一本一〇銭とされた。そして、毎月の収入から賦金（税金）五〇銭を引いた額を楼主と折半。そのなかから元利金の利息一・二五パーセントを支払うことになっている。

まず、入楼当初の四月、A子は線香代四円八〇銭（四八本）をかせいだ。そこから賦金を引いて四円三〇銭。その半分の二円一五銭が彼女の収入であった。

一方、支出面では、元金（二七〇円）の利息が三円三七銭五厘、それに着物代や化粧品代、髪結い代、その他諸雑費を含めて追借金が二円四一銭五厘、あわせて五円七九銭にも及んだ。このため、四月いっぱい働いて、結果的には三円六四銭の赤字をだしている。この赤字は元金にくりいれられ、利息がさらにかさむことになった。

以下、A子の五月以降の収支をみてみよう。

五月　線香代　一八円七〇銭（一八七本）
　実収入　九円一〇銭
　支出合計　一〇円三二銭
　元利金（二七三円六四銭）の利息　三円四二銭
　追借金返済　六円九〇銭
　当月赤字　一円二二銭
　累計赤字　二七四円八六銭

六月　線香代　二一円四〇銭（二一四本）
　実収入　一〇円四五銭
　支出合計　一三円一銭六厘
　元利金（二七四円八六銭）の利息　三円四三銭六厘

追借金返済　　　　　　　九円五八銭
当月赤字　二円五六銭六厘
累計赤字　二七七円四二銭六厘

七月
線香代　　一三円七〇銭（一三七本）
実収入　　六円六〇銭
支出合計　一五円一五銭八厘
元利金（二七七円四二銭六厘）の利息　三円四六銭八厘
追借金返済　　　　　　　一一円六九銭
当月赤字　八円五五銭八厘
累計赤字　二八五円九八銭四厘

以上のように、A子の借金は、二七〇円から約二八六円へと、四カ月で一六円あまりふえている。これは、けっして急激なふえ方ではないが、しかし、月々確実に雪だるま式にふえている。その原因が追借金の返済、つまり、娼妓が自ら買い求めた品々の代金返済にあったことが、数字のうえからあらためて明らかになる。

これが、遊廓のしくみであった。

娼妓たちは、いくら働いても借金を返すどころか、ますますふえる借金に縛られていった。誰かに救いだされぬかぎり、この借金地獄から自力ではいだすことは、まず無理であっただろう。

ちなみにA子は、幸運にも入楼から四カ月たらずで身請けされ、借金を完済してもらった。そして、八月一日付で警察署長に「娼妓名簿削除申請」を提出した、という。

「成駒屋」にも、右の事例に相当する書類がわずかではあるが残っていた。たとえば、「藝妓營業契約書」（昭和六年・一一年）二通と「金圓貸借及藝妓營業契約證書」（昭和九年・一〇年）三通などである。しかし、それらは名古屋地方裁判所の公証人の封印がなされ非公開とされているため、ここでは詳しい紹介をひかえた。

ただし、参考までにそのなかのひとつ、病気で働くことができず、その結果さらに借金が重なった娼妓の追認の証文を紹介しておこう。

契約書

本籍　高知県吾川郡××村

寄留地　岐阜県不破郡××町

高橋×

大正四年七月五日生

右ハ永ラク貴殿方ニ迷惑相掛申居リ候ガ　只今病気中ニテ稼替モ出来ズ候為
本日ヨリ尚ヲ壱ケ月半ノ内ニ稼替致し債権額支払申可ク候条　本書ヲ以テ堅ク
実行仕ル可渡　念ノ為如件

昭和八年五月十五日

大竹ぎん様

債務者

高橋××　㊞

代理人　妻

高橋××　㊞

高橋××　㊞

なお、稼替《かせぎが》えとは、病気などで増えた借金を返済するためにより条件の厳しい別の娼家に移ることで、この社会ではテンガイ（転外とか転界）という。もちろん、楼主は娼妓の借金分に手数料を上のせした額を懐に入れるわけで、転外によって娼妓はさらに負債をかかえこむことになるのである。娼妓がそれに甘んじざるをえなかったのは、「金圓貸借及藝妓營業契約證書」の第四条と第五条に、休業したときはその日数を補足して債務を弁償しなくてはならない、と定められているからである。稼替えをすすめられても、断れる道理はないのだ。

遊廓に働いた娼妓たちにとっては、理不尽なことと不条理なことだらけであった。しかし、ここでは、遊廓をあらしめたさまざまなしくみを、冷静に描かなくてはならない。

娼妓たちの食事

遊廓における接客の構造が、おぼろげながらわかってきた。

だが娼妓たちは、客から離れて過ごす時間もあったわけである。ちなみに、「成駒屋」に残っていた『花山帳』からみると、一人の娼妓が一日に平均一〇時間の接客（泊りも含めて）を行っていたことになる。

大衆食器のかずかず

それでは、そのほかの時間はどういうふうに過ごしていたのだろうか――。

大別すると、三つの休み時間が想定できる。台所での食事、控室（かつての張店）で客待ちをすること、そして自分の部屋での休憩である。

まず、娼妓の食事について。

それを考えるには、何よりも第一に階下奥の台所にあった道具類をみる必要がある。

しかし、楼主だった大竹銀さんが没する寸前まで使っていた台所だけに、そこに残された台所用具は、かならずしも「成駒屋」が営業していた当時のものとはかぎらない。一人暮しの銀さんが、その後買いたしたものも当然含まれているだろう。ただ、その大半は、「成駒屋」当時のもの、と判断してよさそうだ。なにしろ、銀さんは、評判の吝嗇家《りんしょくか》であった。だから、これほどまでに、一般にはおよそガラクタとしかいいようのないものまでが残されたのである。

たとえば、茶碗や湯吞、それに飯茶碗や丼鉢にいたるまで、模様が染めつけられていない白地の磁器が多い。せいぜい縁に緑の線が二本ひかれている程度の、ひじょうに厚手で単純な形式の磁器類である。高台《こうだい》の裏には「瀬」とか「岐」という文字が記され、その下には番号をあらわす数字があった。

そう、それらは、先にも述べたように戦時中（第二次世界大戦中）の経済統制令のもとで焼かれた磁器類である。つまり贅沢は敵とされ、耐乏生活を強いられていた時代の実用いってんばりの製品なのである。

「成駒屋」の台所には、そうした食器類が数多く残っていた。

もちろん、なかには筆書きの染付文様や色絵が鮮やかに記された磁器なども点在する。これらは、その様式からして、売春防止法が施行された昭和三三（一九五八）年以降に銀さん自身の好みで買ったものであろう、と思われる。しかし、概して、「成駒屋」では古い食器類、調理用具類を、戦前戦中戦後を通じて使い伝えてきたとみるのが妥当である。

とくに食器類は、古い新しいにかかわらず、値段の安い大衆食器ばかりであった。また、調理用具や調味料容器もごくありふれたものである。それらについては前出の表（54、55ページ）にあらわしたのでご確認されたい。

ただし、調理用具のなかでも、たとえば鍋や釜はそれぞれに大きく、なかには三升炊、五升炊の羽釜もみられた。漬けものを漬けたと思われる甕《かめ》も桶《おけ》も、一般家庭ではあまり見かけないような大きなものであった。

そうした道具類から、大人数の所帯を賄ったのであろうことが十分にうかがえるのである。

「成駒屋」には、たえず一〇人以上の娼妓がいた。

そこで日常的にどのような料理がつくられ、どういうかたちで娼妓たちが食事をしていたのか――。

「成駒屋」の大竹銀さんは、筆まめな人であったらしい。『花山帳』の裏紙をメモ帳に再利用し、そこにこまごまと、なかなかの達筆で覚書を記している。その雑記帳がたった一冊しか残っていなかったのが残念なかぎりであるが、それでもさいわいなことに、そのなかに次のような献立例がみつかった。

味噌汁　暑気ばらいのため貝汁
南京米とちくわ

もっとも、これだけでは朝食なのか夕食なのかがわからない。

そこで、また、お秀さんに登場を乞う。

「そうだの、娼家《みせ》によって、娼妓《こども》によって夜のあがりが違うで他家《よそ》のことはよう知らんけどの、私がおった四海波の系列の娼家《みせ》は、夜中の二時にしめてたわの。それまでに、泊りのお客さんがつけばあげるし、その時間にお茶ひいてる娼妓《こども》があれば寝かす。朝は、一〇時までが泊りの時間。それまでにお客さんに帰ってもらう。六時、七時に帰るお客さんもあるで、お客さんを送った娼妓《こども》から順に朝ご飯を食べることになるわの。お茶ひいてる娼妓《こども》も九時ごろまでにはご飯を食べさせた。たまに、朝から入ってくるお客さんもいたから、前の晩にお茶ひいた娼妓《こども》には、九時、一〇時からいちおうでれるようにはさせとくんですがの。

ああ、朝ご飯の献立でしたかの。

いまから思うと、粗末なもんですがの。ご飯は、南京米《なんきんまい》といったか、昔は、ひどい臭いがする米を炊いてたで、ご飯に味噌汁をかけて食べる娼妓《こども》が多かったわの。

そうです、米の飯は米の飯でした。麦飯や芋飯は、お国の非常時のときだけでしたの。遊廓の台所は、米の飯。それだけでも、昔は、東北や信州あたりの貧しい家の娘《こ》を集めることができたらしいですがの。

ご飯と味噌汁は、朝ご飯と夕ご飯のときにはちゃんと十分に用意していたわの。そうそう、それと漬けものがある。

おかずがもう一品。煮ものじゃわの、だいたいが。朝は、麩《ふ》や切干し大根を炊いただけのような他愛ないもので、夜は、煮しめとか魚のあら炊きとか……。イワシやサンマを焼くなんて、そりゃあ贅沢というもんですがの。

朝ご飯と夕ご飯といいましたが、遊廓の食事は、食事としては二回じゃわの。夕ご飯は、四時から五時に食べるのがふつう。五時からは泊りの客を入れるから、それまでには食べ終わっておくんだわの。

そうです、遊廓は、夕方の五時ごろから夜中の二時ごろまでがいちばんにぎやかなんです。

そうですがの、二回の食事だけじゃあ腹が減るわの。それで、合間にちょこちょこ食べられるように、台所の食卓には握り飯と漬けものとお茶を置いとくんです。まあ、食事時間以外は、ゆっくり食べることはできんけど……。

食事のしたくは、これは、下働きの女中さんの仕事です。娼妓《こども》は商品ですからの、台所仕事や洗濯、掃除はさせませんがの。そりゃあ、下着を洗濯したり、お客が出たあとの部屋を片づけるぐらいのことは自分でします。旅館じゃあないんですからの。ただ、手が荒れるような水仕事はさせせん、ということです」

これによって、娼妓たちの遊廓における日常の食事が、ほぼ類推できよう。

さて、台所の板の間には大きな飯台《はんだい》があった。

娼妓たちはその飯台を囲んで右のような食事をしたのであるが、その飯台のまわりには座布団はなかった。彼女たちは、板の間に直《じか》にすわって食事をしたのである。

これも楼主の経営方針であろうから、各娼家ごとに違うので一概にはいえないが、「成駒屋」にかぎっていえば、台所での座布団は用いられていなかったようである。

それは、先のうどん屋のおばさんの話から明らかになった。

おばさんは、後年一人暮しの銀さんを訪ねたことがあったが、その当時でさえ、銀さん自身が座布団を使わず、板の間に直にすわって食事をしていた、と証言する。

また、おばさんのうろ覚えな記憶によると、戦後間もなくのころ、「成駒屋」の娼妓たちが、冬のあいだ板の間にすわって食事をするのは尻が冷えるといって、銀さんに抗議したこともあったらしい。

しかし銀さんは、娼妓に与える道具類や食事については、かたく自分の信念をつらぬき、けっして妥協しなかった、という。自らの生活も節約を第一の信条として、その範をなしていた。

そうしたことからも、銀さんは周囲から吝嗇家といわれたのであろう。

あるいは、それは、遊廓の経営者を象徴する見事なまでの非情な姿勢というべきかもしれない。

性病の検査と治療

「成駒屋」の居間（玄関のわき）ともいうべき部屋に、おびただしい数の薬品類が残されていた、ということは先に報告した。

コンドームも、大量に残っていた。

そして、洗浄室（便所の隣、タイル張りの小部屋）の金盥《かなだらい》のなかには、アヒルのくちばしのような、あるいはヤットコのような金具《かなぐ》の類が残されていた。

そうなのである。

ここは、遊廓世界。それらをもって、下《しも》の病気の予防や治療を連想することは、いともたやすかろう。

しかし、はたして誰がどう用いたものか――。

こうした話にまで展開してくると、お秀さんもすっかりくだけた表情をみせる。それでもときどき、もともと小柄な身体《からだ》を丸め、皺だらけの顔面になお眉間皺《みけんじわ》をつくり、瞬時どう答えたものか迷うふりをして、やがて、例によって上目づかいにニタリと笑ってからボソボソと話しだすのである。

「今度は何の話かと思うたら、とうとう下《しも》の話ですかいの。あんたも、よう調べてくるわの。まいってしまう……。

ご想像のとおりです。遊廓では、たしかに病気の治療をしたもんです。ああ、もちろん、素人療法ですがの。

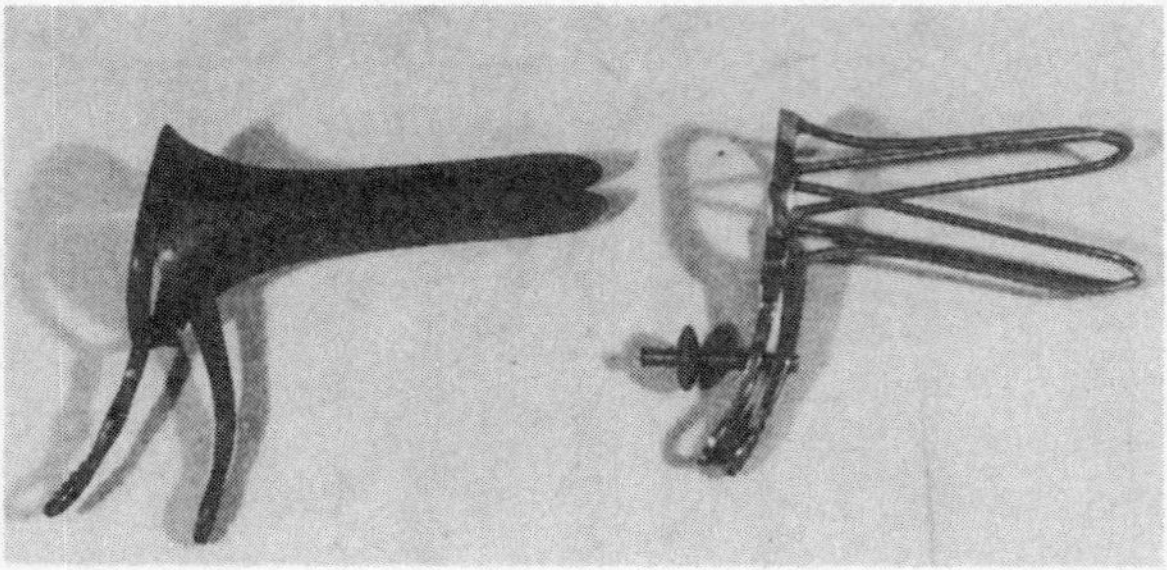

俗にアヒルといった検査具

医者にかけるようになったら、もう手遅れ。いやいや、命に別状があるという意味じゃあのうて、こちらの商売として手遅れになる。だって、そうでしょうがの。病気の娼妓《こども》がでると、店では商品がひとつ欠けるんだから、これは困る。ごひいき筋に、病気の娼妓がでとると噂でも流れでもしたら、これは踏んだり蹴ったりじゃわの。娼妓としても、入院だの通院だので休んだら、稼ぎにならんから損でしょうがの。それに医者代も薬代も、みんな本人もちなんですからの。

遊廓ではほぼ、一週間に一回の定期検診があったことは、あんたも知っておいでのことじゃわの。ここには、中村病院というのがあって、そう、あの素戔嗚神《すさのおじん》社《じゃ》（66ページの昭和三一年の地図では素盛男神社と表記）のわきを入ったところ。いまは、看護学校の寮になっていて、昔の面影《おもかげ》はないですがの。まあ、中村病院は、中村遊廓のためにあったようなもんです。

戦後は、たしか毎週金曜日が検査日でした。その日に、娼妓《こども》たちを交代で病院に行かすんです。それは、義務になっていましたからの。

その検査の前に、掃除をさせる。そういう習慣があったんです。掃除というのは、ただ洗浄するだけではないわの。お互いに、事前検査をするんです。そこでは、私らのような仲居頭とか、古顔《ふるがお》の娼妓《こども》がアレを調べるんですがの。そうそう、アソコをガバッと広げて……。アッハッハッ……。

それにアヒルを使うんですがの。正式にいうと膣鏡《ちつきょう》というんだろうけど、私らは、あのかたちからアヒルというたもんです。

そりゃあ、わかりますわいの。それが、ああいう世界で長く過ごしてきた女の眼力《がんりき》というもので、病気にかかったかどうか、そんなのわかりますわいの。というても、いま言葉でいうことはできんがの、下手《へた》な医者よりは見たてはたしかじゃったかもしれんよ。

アレのかたちというのは、人さまざまで、かたちはどうでもよい。ああ、そうそう、いっぱしに遊んだふりする男がいうでしょう、経験を積んだ女のアレは黒ずんでくるとかのびてくるとか、あんなのうそじゃわな。生まれたときから、かわったかたちをしているのもいるし……。かたちや色は気にせんでもええですがの。それよりも気になるのが、アソコの粘膜が荒れること。ちょうど舌が荒れるのとおんなじで、表面がプツプツと白くなるんですがの。そりゃあ、ただ擦《す》れて荒れただけなんか、ほんとうに病気にかかったんかまではわからん。それで、危ないなあと思うたら、オキシフル（オキシドール）なんかを薄く溶いて脱脂綿につけてふいてみるんです。そうすると、痛がる具合が違うからわかるんですがの。

それで、もし病気の疑いがあったら、注射なんかで表にでるのをおさえるんです。いまでは忘れてしもうたが、淋病をおさえるには何と何、梅毒の初期なら何と何というて、よけい注射があったわの。いくらかは効き目があった、と思う。検査がごまかせるなら、いろいろ対策を考えたもんだわの。

少々の病気では、医者にはかけませんがの。

そう、素人療法といえばそのとおりだし、いまの常識からすると恐ろしいことでもあるわの。いやいや、注射のショック死なんてのは、そのころは聞いたことがないです。ヒロポン（覚醒剤）じゃって、でまわっておったんじゃから……。

薬品のかずかず

というても、正直にいうとな、私は、この方面はあんまり詳しうはないんだわの。私は、女郎あがりじゃあないでしょう。じゃから、娼妓《こども》たちの掃除をしたことも数えるほどもないんだわの。あんなことは、女郎あがりの仲居でないとうまいこといかんもんです。すまんことじゃがの、私には、これ以上ようわかりませんがの。

誰か、わかる人はおらんかの。女郎あがりの仲居さんは、もう誰一人ここにおらんしな、みんな散っていってしもうた。

誰かわかる人を思いだしたら、この次までに探しといたげるわの」

「成駒屋」に残されていた薬品類は、おおかた木箱（リンゴ箱）にいっぱいあった。コンムニン注射液（炎症疾患治療剤）、アクチゾール注射液・アセタリン注射液・ネオヂセプタール注射液（以上、静脈用）、ライゴスチン（麦角注射液）、チラージン注射液（甲状腺ホルモン製剤）、ワゴスチグミン注射液（筋運動麻痺症治療剤）、強スメニンコーワ注射液（胎盤綜合成分製剤）、アデロキシン注射液（皮膚炎・火傷・妊娠悪阻《おそ》）など。

たとえば、注射液だけをみても、いかにも性病治療や妊娠中絶に用いただろう、と思わせるものが多くある。

はたして、それらがどのように用いられたものか。そこで私は、それらの薬品類をもって小田晋氏（筑波大学教授）を訪ねることにした。

小田さんは、いまでこそ精神科医として名高いが、ただ精神医学の領域だけでなく医学全般にわたって博覧強記《はくらんきょうき》な学者である。そして、私の郷里（岡山県）の先輩でもある。私にとっては、まことにたのもしい存在であった。

「アクチゾール・アセタリン・ネオヂセプタールなどの静脈注射は、淋病治療に使ったんだろうなあ。

全体的にみて、解熱系、消炎系の薬がこれだけ多いということは、もちろん風邪などの治療にも使われたんだろう。だが、花柳病《かりゅうびょう》（性病）の治療にも転用した、と考えられる。そうみるのが妥当であろう。

ここにある解熱剤、消炎剤の類は、とくに梅毒や淋病には直接的な効果はないが、たとえば、過度の性行為によって粘膜《ねんまく》に炎症《えんしょう》が生じたことは十分に想像できることであって、それがもとでおこる腎盂《じんう》炎《えん》、あるいはリンパ炎などは、かなりの発熱を伴うのであるからして、その治療というのは、まずそうした解熱剤、消炎剤を使って解熱することが必要になるのである。あたりまえのことだ。炎症部の手当は、そのあとに行うことになる。

長く高熱が続くということは、病理学的にみて、もちろん問題が大きい。遊廓の経営者の商業意識からすると、もちろん、その間娼妓の稼ぎがなくなるということで好ましくないことに違いないであろうから、それで解熱系の注射液が用意されたんだろうが、皮下注射とはいえ、これだけの注射を素人が扱ったとしたら、恐ろしいことだね、これは……」、まずは、一般的な解説からはじまった。

しかし、小田さんは、しだいに興奮してきたのである。

「これは、えらいことだよ。なぜ、キニーネがここにあるんだろうか。キニーネというのは、抗マラリア剤、つまり、マラリア専用の解毒剤であって、ふつうの発熱には使用しないはず。それがここにあるとは、まことに不思議なことなんであるよ。いくら何でも、マラリアが自然発生して流行したとは考えられない。考えられるとすれば、マラリア菌を故意に接種して発病させたか、あるいは、マラリアに類する病気を何らかの方法でおこしたか、いずれにせよ、その場合は四〇度を超す高熱がでるから、キニーネが必要になる。無茶だなあ、そうだとすれば……。

もしそうだとすれば、どうやってマラリア菌を入手したのか、あるいは、どうやってマラリアに似た高熱をおこさせたのか、ということが大問題であるな、これは。

ただ、恐ろしい想像であるが、戦争中であれば、マラリア菌の入手は可能だったと思う。何しろ、日本の軍隊は、細菌による敵地全滅といった戦略を考えていたくらいだから、マラリア菌の培養ぐらいはどこかでやっていたに違いない。推理小説仕たてに想像すると、それを研究したり保管している関係者の手を通じて遊廓に入っていった。しかし、それはあくまでも可能性であって、もっと信憑性《しんぴょうせい》があるのは、いくつかの薬のかけあわせによって、マラリアに似た症状をつくりだしていたということだろうなあ。

これをみてごらん。この薬（ライゴスチン）とこの薬（エフタリン）を併用するという指示が表書きにしてある。これは、常識的には考えられないことで無茶というもんだ。こんなかけあわせをすれば、かならずといっていいほど副作用が生じるにきまっている。薬の投薬ショックで、かなりの高熱がでる。醬油を飲むよりも確実に熱がでる。それは、マラリアの熱によく似ているだろうなあ……。ためしに、あなた打ってみるか……。

われわれ専門家の医学知識をもってしては、とても考えられないことであるが、遊廓の関係者がそういうならそうなのだろう。そうした薬をかけあわせて注射による投与を行い、そのショック作用による発熱を誘導していたということが、こうした表示をみるかぎりにおいて十分に予想できますな。

それでは、なぜそんなことをしていたかという問題になるんであるが、それは吾輩の専門外であるからして、何ともいえません。ただ、マラリアに類する高熱は医学的にみると、一時的に他の病原菌の活動を抑えるという効果があるんですな。つまり、梅毒とか淋病とかの病原菌の活動も抑えるわけです。一時的にしろ……。であるから、その状態のとき、性病の検査を受けたとしたら、おそらくパスできたであろう。もちろん病気の進行状態にもよるんであるが、ごまかせる可能性が高かったと思われる。ということは、特別にうがってみなくとも、検査をパスするために、故意に高熱をだす工夫をしたということは想像できますな。

ただし、そのままの状態で放っておいたら、その人間の脳神経は確実にダメになる。そこで、その熱をおさえて正常な状態にもどすために、キニーネのような解熱の特効薬が必要になるわけでありましょうな。

もし、この推論が正しいとすれば、遊廓における医療法というのは、民間療法に準ずるものではあっても、われわれ専門家の医学の常識からはかけ離れたきわめて破天《はてん》荒《こう》なものである。……と、しかいいようがありません。

しかし、それだけに、われわれが思いもかけない即効性もあるわけでして……」

小田晋さんは、心底から驚き、あきれているようだった。

私のような素人が考えても、キニーネやそれに類する強い解熱薬を頻繁に投与した場合、人間の身体がいつまでも正常体を保てるとはとても思えない。もし遊廓の世界で、そうした無謀なやり方がほんとうに行われていたのだとしたら、遊廓に働く娼妓たちは、過度の性行為という肉体疲労に加えて無謀な投薬治療があって、身体をそこなうことは目にみえて明らかなことだったのである。つまり、娼妓たちが長い年月を肉体的に健全に過ごすことは、きわめてむずかしい状況だった、といえるであろう。

贋医者の存在

それにしても、「成駒屋」に残されていた薬品類は、市販されていないものばかりであった。小田さんによると、そのほとんどが昭和二〇年代から三〇年代にかけてでまわったものだそうであるが、なかには戦前までさかのぼれる薬品もある、という。民間療法に用いるには、あまりにも危険な劇薬もある。

医師の手を経ずに、そんな薬品類がどうして遊廓で実用されていたのだろうか。私は、小田さんの所見をもとに、またお秀さんを訪ねて聞きただすことにした。

「そんなにまでして調べたんかいの。まあ、熱心なことですの。そんなに偉い先生がいわれとるんだから、薬の使い方はそのとおりじゃったんだろの。前にもいいましたように、私はよう知らんのです。

でも、私もあれから気になって、知りあいに聞いてみましたがの。そうしたら、ほら、いつか紹介したでしょう、私の従兄弟《いとこ》の伊藤幸一郎、そうそう、大門のところでトルコ（ソープランド）をやっている少しキザな親父《おやじ》。あれが思いだしてくれましたんじゃ。

もぐりの医者がいたんですがの。

私は、四海波におったから、あそこは名門じゃったから、娼妓《こども》の病気はちゃんとした医者にかけたんで、そんなことはつい知らなんだ。じゃがの、二流どころの娼家《みせ》は、やっぱり損得勘定が先にはしって、できるだけ医者にかけんようにして、いよいよのときは、もぐりの医者に診《み》せたようじゃの。そういうことらしいですがの。

伊藤は、知っとりました、その贋《にせ》医者を。でも、居どころは知らんですと。生きてるやら死んだのやら、こういうところの人間は、消息知らずの方が多いんだわの。

その贋医者は、軍医あがりだったらしい。そして、ひととおりの治療はしたらしい。じゃから、成駒屋でも、仲居や女郎だけでの素人療法だけでもなかったんじゃあないかいの。もぐりにしろ、そんな贋医者がおったなら薬も手に入ったんじゃあないですかいの」

話は、たぐってみるとでてくるものである。

遊廓には、さまざまな人生が潜在した。

軍医あがりの医者（あるいは贋医者）もその一人である。

しかし、いま、その人たちの足跡はたどれない。後日私は、お秀さんの従兄弟《いとこ》の伊藤幸一郎さんを直接訪ねてみたが、また伊藤さんも当時の関係者に問いあわせてくれたりしたが、売防法（売春防止法）以後の消息はぷっつりと切れたままである。その人たちが実在したことはたしかだが、いまでは本名さえもが忘れさられているのである。

かといって、私自身の興味が失せたわけではなかった。

私は、けっして運命論者ではない。が、こうしたとき、思いはいつか通じるものである。

遊廓で病気治療にたずさわった人に会いたい、とたえず思い続けていたところ、それが、ひょんなところでかなったのである。

あるとき、私の母が、学校時代の友人（故人）のご主人がその方面に詳しいはずだ、とふともらしたのである。私の母は、私が遊廓世界を追跡するのには、教員あがりの女性にいかにもありそうな見識をもって冷ややかな目でみていた。私も詳しく経緯を話したことはなかったのだが、何かの拍子にそんな話題に流れたのは、いまにして思えば幸運であった。

尾島克己（仮名）、七九歳（昭和六三年当時。昭和六四年一月に他界）。岡山県川上郡に在住していた。

尾島さんは、若いときには獣医を志したが、志半ばにして召集され、昭和一四年から一七年までの四年間、南支《なんし》を中心に戦地におもむいた。配属は、軍隊の医療班であった。

「そのころの医療班は、もちろん正規の医師もおりましたが、前線というところは猫の手も借りたいところで、獣医であろうが何だろうが少しでも医療知識のある者は、重宝がられたんです。

私は、自分でいうのも何じゃが、器用でした。結局は、器用貧乏でモノにはならんだが……。軍医の補助兵ぐらいは、そう苦労せんでもつとまった。兵隊の手あてだけじゃあのうて、従軍慰安婦なんかの診察もしたことがある。だいたいのことはできるようになったんです。

私が戦地からもどったのは、昭和一七年も終りのころじゃっただろう。まだ戦争の最中《さなか》で、またいつ召集されるかわからない不安と、獣医学校に復学したくても、社会状況からも経済的事情からもそれがかなわないということで、かなり気分もすさんでおりました。たとえ復学できたとしても、勉強を続けるだけの気力が私にあったかどうか……。

そこで手っとり早く軍隊で身につけた医学知識を生かして民間の医療活動をしようと思ったんですが、私は正規の軍医ではなかったし、医学校卒業という学歴もなかったから医師の認可はおりません。

それでも私としては、何とか働き口を捜さなければならなんだし、私程度の医療知識で働けるところ、と思うて捜し、行きあたったところが遊廓だったわけです。

遊廓というところには、日常的にいろんな病気が蔓延しておった。そりゃあ、下《しも》の病気が多かったんじゃが、やれ腹が痛い頭が痛いといった具合に、ふつうの病気も結構あったんです。そうかといって、遊廓の経営者というのは、女郎が医者にかかることをけっして勧めなかったし、女郎たち自身も稼ぎが減るからといって、なかなか医者にかかろうとはしなかった。じゃから、遊廓のなかだけに通じる医者というものが必要だったわけです。そうですなあ、闇の医者とでもいいましょうか、もちろん正式の医者の資格などはいりません。医者というよりも、便利屋ですなあ。そこで、私のような者でももぐりこめたんです。

私は、あるつてがあって、呉（広島県）の遊廓へ入りました。当時は、私のような経歴をもって遊廓へ入った人が相当数いたはずです。少なくとも、ひとつの遊廓には一人ぐらいは。私がつてといったのも、じつは軍隊の先輩のひきじゃった。私の知るかぎり正規の医者になりきれん軍医関係者が、次から次へと遊廓へのパイプになっていたことはたしかです。

たとえば、薬ひとつとってみてもそうじゃった。そのころ、市中には医薬品が不足しとりましてね。何しろ軍隊最優先の時代だったから、効力のある薬というのはほとんどすべて軍隊にまわされ、一般の薬屋にはたいした薬がなかったんです。ところが、遊廓へは軍医あがりを通して何かにつけて軍隊から薬品がまわってきたんです。いまでいう贈賄とか横流しとか、そこまではいわんですが、軍隊と軍隊経験者のあいだでは、そうした物資の融通というものが裏で往々にして行われとったようです。あの戦争中も、あるところにはあったんです。

私のいた呉の場合じゃと、海軍の船が港に入るたびに、何らかの薬品類がおとされとりました。わたしは直接それを受取りに行ったことがなかったんじゃが、遊廓のなかには地まわりという、まあヤクザのようなのがいて、それが取りに行っとったようです。遊廓の経営者のなかには、また別筋の闇の業者と平常からつきあいをしとって、そのルートから薬を手に入れる者もおりました。ともかく、当時は一般の社会よりも遊廓の方が薬を手に入れやすかったことはたしかです。

そんなわけで、私も下宿先のおばさんが熱をだしたときなどは、遊廓から解熱剤をこっそり持ちだしてきて注射してやったこともありました。そこに、また次々と悪いことをする奴もでるわけでして……。

しかし、そうかといっても、あんまり良い薬はありませんでした。それほど優秀な技術も私らにはないから、梅毒や淋病などを遊廓のなかで完全治療するなんてことは、とうていできやしません。ただ、あんたが想像するとおり、性病検査のとき、病気にかかっている女にいかに血液検査で陽性反応をださせないようにするかということはやりました。もっとも、検査がうるさくいわれだしたのは戦後（昭和二〇年以後）のことで、昔はそんなに厳重ではなかったですが。

女が病気にかかっているかどうか、どうやって見わけるかって？

それは簡単なことです。もちろん感染してすぐはわからんのじゃが、ある程度日がたって初期症状がではじめたら、アヒル（膣鏡）でのぞけばすぐにわかります。

健全な膣の入口というのは、赤くて光沢があり全体になめらかです。そうそう、ちょうど口紅をきれいにぬった唇のような状態ですな。そこに病気がでてくると、唇が荒れたような状態、つまり、つるっとした赤い粘膜へ白いブツブツができるわけじゃが、それが膿《う》んだりしたらもう末期症状です。

ともかく、そうした病気の女をどうやって検査にパスさせたかといえば、それもほぼあんたの想像どおりです。ええ、いちばんてっとり早いのは検査の日にあわせて高熱をださせるんです。熱で病原菌の活動を一時的に抑えるわけです。その方法としては、まず薬のかけあわせがある。これとこれをかけあわせて注射すればかならず発熱するといった薬の組みあわせがいくとおりかありました。まあ、簡単にいえば、何でも過剰に投薬すれば発熱するもんです。それを検査の二、三日前に注射して発熱させ、熱がピークに達したときに検査を受けさせるようにするんです。そうすると、確率としては八〇パーセントとはいいませんが、間違いなく四、五〇パーセントはごまかせました。

そりゃあ、検査する病院の医者だって、そんなことはわかっていますよ。じゃが、そこまでするなら、ということで陽性反応がはっきりでんものは見のがすことにもなったんでしょう。

えっ、マラリア菌の投与ですか？　そういう事実は、私の知るかぎりではなかったです。ただ、モルヒネや蓖麻子油《ひましゆ》の投与ということはありました。それでも同じような高熱がでましたからなあ……。

まあ、一般の常識では考えられないような療法をやっとりました。いや、私がいうのもおかしいが、医療などとはとうてい呼べないようなひどいやり方でしたなあ」

尾島さんは、淡々と語るのである。が、この種の話は、淡々と話せば話すだけ、すご味がでてくるのである。

事実は小説よりも奇なり

「あんたらには信じられんことでしょうが、実際にはもっと残酷なこともありました。当時、遊廓でいちばん問題だったのは、いま話した性病と、もうひとつは妊娠でした。

何しろゴムの不足していた時代で、コンドームもあまりなかったし、あったとしても不良品が多かったので、ほとんど使っとらなんだ。ですから、どうしても妊娠という事態がおこりやすかったんです。これは、遊廓の関係者としては、いちばん頭の痛い問題でした。

もちろん、病院へ行けば堕胎してもらえるし、体の安全もはかってもらえるが、そうなると商売を一週間ぐらいは休まなければなりません。経営者も女郎もそれを嫌《きろ》うたんです。女郎のなかには、体質のせいか動物のように頻繁に妊娠をくり返す女もおりましたし、そんな女は、そのつど病院へ行っていたのでは商売になりません。そこで、私たちが素人療法で堕胎させたんです。

ええ、やり方はいろいろありました。もっとも簡単なのは、腹を冷やす方法です。水を入れた壺を何日か腹にあてておいて冷やす。女によっては妊娠をひた隠しにしておいて、この方法で自分で堕すのもおりました。

薬で堕すという方法もあります。たとえば、大勢の女のなかには、蓖麻子油を飲ませただけでも、下痢といっしょに流れてしまうようなのもいました。ただ、経験的にいって、日本の療法で堕胎に関していちばん優れていると思えるのは、ほおずきを使った堕胎法です。昔からよくいうでしょう。ほんとうですよ、私もやっとったんだから……。

昔から遊廓では、夏前にほおずきを買ってきて、それを軒下に陰干《かげぼ》ししておいたもんです。実《み》じゃあない、その茎を堕胎に使うたんです。

やり方は、陰干しした茎をよく洗うて、湯で少しもどします。それに指をそえて、そう、こんなふうに人指し指をそえて膣のなかに入れていくんです。それをそのまま一晩おいときますと、ほおずきにはアルカロイドが含まれとるもんだから、それが膣のなかに徐々にでて、胎児を腐らせるんです。つまり、腐らせた状態で堕胎させるわけです。

あんたらは驚くかもしれんし、残酷だと思われるかもしれんが、そのやり方だと掻《そう》爬《は》したときのようなとり残しやひっかき傷なんかが膣内に残らんので、私らとしたらいちばんいい方法だと思うとりました。

一人の女が平均して五回も六回も、多い場合は一〇回もそれ以上も堕胎するわけだし、それだけの回数をすべて掻爬していたら、ええことになるでしょう。当然、後遺症もでたじゃろうし、そういう意味では、ほおずきの茎はそれほど体に害を及ぼさなんだはずです。民間療法いうても、ばかにできんものがあります。

とはいうても、たしかにひどいやり方には違いなかったです。私だって、別にそうしたくてしていたわけじゃあないんです。ただ、遊廓というところは、自分の流儀にあうとかあわないとかいうことが通用する世界ではありません。女に情をかけ、女を人間らしく扱うて、体が弱ったら休めといっていたのでは、遊廓はなりたたんのです。いかに女の病気をごまかし、いかに休ませずによけいの客をつけるかということ、それが遊廓の基本的な方針、というか必要悪なんです。

それを、私は、遊廓の社会に足をふみいれてはじめて知りました。前線にいて慰安婦の世話をしていたころや、遊廓に入った当初は、私にだってそういう女たちを多少とも救ってやろうといういきがった気持ちがありました。じゃが、しだいにそれが若気のいたりだったということに気づきましてね。それ以後は、女たちに情をかけることもなく、残酷なことかもしれんですが、どうやって病気を防ぐか、あるいは徹底治療ができるかではなく、どうやったら病気をごまかせるかということに終始してやってきたわけです。遊廓での医は仁にあらず、でした。

そのうち昭和二〇年になり、広島に原爆が落ちたりして、呉にも戦災が及びました。そうなると遊廓も営業どころではなくなるし、敗戦に向けて社会の混乱が進むなか、私も着のみ着のままで田舎に帰ってきたんです。

そのあとは、何の因果か結核を患って、田舎から一歩もでることなしにこれだけ年齢《とし》をとってしもうて……。

もう、昔々の話ですらあ」

驚くべき事実が、次々にでてくる。これをどうとらえるか――。

遊廓は、残酷な世界である。娼妓たちは哀れであった。というのは、たやすい。とくに、尾島さんが語るところの医療例は、あまりにも酷《むご》い事実であった。娼妓たちに対して、同情を禁じえない。

だが、私は、本稿をまとめるにあたって、いわゆる「遊廓残酷物語」にしたくない、という強い気持ちをもっている。遊女・娼妓の哀史については、いまさら私が書くまでもなく、すでに多くの書物によって紹介されているところだ。

私は、未知の世界を、わずかに残存する道具類や当事者を頼りに探ってみたいのである。そのとき、娼妓への同情からだけでものをいいたくはない。その時代の事実を記録することが先決だ。

いみじくも、あるときお秀さんがいったものである。

「遊廓も、トルコ（ソープランド）も、社会の正義からは目の敵《かたき》にみられる。そこに働いてきた私らは、賤《いや》しい人間だとみられる。まあ、そりゃあそれでいいですわいの。私らも、けっしてご大層な身分とは思うとらん。身を縮めて生きてゆくのには、慣れておりますがの。

でも、これも仕事じゃろ。搾取だ搾取だというけども、会社勤めの人だって売りあげ（金）を全部分配してもらえるはずがなかろうがの。会社の維持や社長や役員の交際にかかる金は、天引きされるはずだわの。その額が多いか少ないかは別として、仕事には仕事のしくみがあるでしょうがの。

それを、斜《はす》から片目だけで見て何だかんだといわれても……。

毎日の生活も、心がけさえまともなら食いっぱぐれることはないようになっとるがの。ここでも日々の生活は、あたりまえにつつましかったですわの。

遊廓やトルコでも一生懸命働いて、それでちゃんと成功した者もおる。人助けの美談もある。まじめな恋愛だってあるですがの。まあ、数は少ないが……。

ところが、ええとこいうのはみてもらえんもので、悪いところばかりに目をつけてきめつけられる。しかたないといえばしかたないが、でも、もう少しあたりまえにみてもらいたい、と思うたときもあるわの……」

そのあたりの言い分は、なお事実を探ってから考察してみたい。

三章　娼妓たちの人生

無理強いができない

ここまで、名古屋中村遊廓「成駒屋《なりこまや》」に残存した民具類と、もと仲居頭をしていたお秀さんの証言をもとに、私にとっては未知の遊廓世界のしくみを探り、描いてきた。

だが、まだなお不足である。

とくに、娼妓たちがどのような手順を経て遊廓に入っていったのかを、時代背景や家庭環境を含めていちど考察してみなくてはなるまい。また、彼女たちが遊廓を離れたのちどのような生活を送ってきたか、についても追跡してみるべきだろう。

つまり、〝娼妓たちの人生〟がもう一方にある——。

しかし、私の追跡は、そこで一時中断したままであった。私の怠けぐせを棚にあげていえば、お秀さん以外になかなかよい語り部《インフォーマント》がみつからなかったからでもある。できれば娼妓経験者から話を聞きたかったが、それもたやすいことではなかった。時間《とき》が無為に過ぎているように思えた。その間、お秀さんとはちょくちょく会っていた。大阪や岡山に行く用事が比較的多くあり、そのときどきに名古屋で途中下車をして、お秀さんの経営する「新金波」（特殊浴場）を訪ねてみるのは、いわば習い性のようにもなっていた。

ただ、顔をあわせるたびに親密さはますものの、かえって会話の焦点がぼけてきがちになるものでもある。もとより、お秀さんは多忙な身であるし、性格的にもどちらかというとせっかちな方である。結局のところ、世間話をして帰るということをくり返していた。

それでもお秀さんはお秀さんなりに、私のことを気にしてくれているらしかった。思いだしたかのように、話し残していることを語ってくれる。

「遊廓に働いていた娼妓《こども》といっても、いまさら探すのがむずかしいわの。だいいち、探せたとしても、私は女郎でございました、と名のるのは、そうはおらんわいの。私だってそのころの娼妓《こども》とのつきあいがなかったわけじゃあないが、もうみんな跡を消して中村から離れてしまいましたがの。それでも、昭和四〇年ごろまでは、遊廓からでた娼妓《こども》でトルコ風呂で働いてるものがおったわの。いまのトルコの娘《こ》なら何人か紹介してやってもええが、トルコの娘《こ》じゃあ話がまにあわんだろうし……。

それに、あんたは、女郎あがりの女、女といいなさるが、そういう人がたとえおったとしても、そう簡単に遊廓の内輪話なんかができるかどうかわからんですがの。女郎というのは所詮使用人じゃったわけだし、その娼家《みせ》のしきたりとか、ある時期の自分の商売のなかでの客と女郎のなれ合い話はできるかもしらんが、遊廓そのものについて裏も表もどれほどまで知っとるかはわからんですわの。まあ、聞いてみるにこしたことはないでしょうがの。

遊廓のなかの経営者の家族じゃった私でさえも、よその娼家《みせ》のことなんかよう知りゃあせん。あんたにつきつめて聞かれると、シドロモドロになってしまうがの。それで、この前は、喧嘩別れしたまんまでいまでもあんまり会いとうなかった従兄弟《いとこ》（先述の伊藤幸一郎氏）のところへも連れてって、あれからも話を聞いてもらったわけですわの。

まあ、私にかぎらず遊廓にいたとはいうても、組合の役員をしたり、自分でも何かも切りまわすようなもぐりの売春宿をやってりゃあ別だろうが、それ以外でそうそう遊廓の隅々までのことがわかるような人はいないですがの。それは、あんたがいったように、名楽園の最後の会長あたりで終りじゃろ。

案外に、隣は何をする人ぞ、という具合にお互いが干渉せなんだで……。

そうそう、そういえばもしかして、口入れ屋がいちばん遊廓の裏の話をよう知っとるかもわからん。女郎あがりを探すのもええが、口入れ屋あがりを探してみたらどうかのう。

口入れ屋というのは、つまり、いまでいう就職の周旋人のことだわ。そうか、リクルートというのか、いまは……。遊廓では、経営者が自分で娼妓を探して歩いたわけではないし、新聞にはでな募集広告をうって集めたわけでもなかった。もちろん、何もせんのに女の子の方から働かせてくれってやってくるわけはないわな。遊廓のしくみの大事なところに、食いつめた家の娘たちを集めてきて娼家《みせ》に斡旋《あっせん》する口入れ屋という商売があったんですがの。昔は遊廓だけではなしに、商家の丁稚《でっち》も良家の女中さんも、みんな口入れ屋が田舎をまわって子どもを連れてきとったもんで、そういう口入れ屋が、案外遊廓のことをいちばんよく知ってござるかわからんわの。ただ、昔の口入れ屋がいまどうしているか、どこを訪ねりゃあいいのか、ということになると、これも私にはわからんですわのう。それは、遊廓が廃止されるよりずっと前の経営者の連中でないと、わからんのではないかのう。そうか、あんたに紹介した従兄弟も知らんかったですか。それでは、もう中村では知っとる人はおらんようになったのとちがうじゃろか。まあ、それでも気にとめて誰か探しておいてあげるから、ちょくちょく訪ねてみてください。けど、あんまり当てにせんようにな。私も、もうだいぶもうろくしてしもうたから……」

私としては、あくまでもお秀さんの協力に期待したいところである。

そして、これまでのつきあいから、お秀さんも十分に気心を許してくれている感触もある。もうひと声、あるいはもうひと働きを期待して頼みこむことが可能な信頼関係にある。が、無理強いはすべきでない、というのが私の流儀である。ある期間にある成果をあげたいと思うのは、当方の勝手というものである。民俗学の調査は、警察の尋問とは違うのだ。あくまでも人と人のおつきあいなのである。質問も含むが、しかし、会話なのである。自分が聞きたいことを求めるだけでなく、相手が話したいことにも耳を傾けなくてはならない。相手が疲れたり気のりが薄らいできて、これ以上の話には進みそうにないな、というところで会話が中断したっていいではないか。私は、そう思っている。

じつは、そのころお秀さんは、たとえば一時間のなかで三、四〇分は、もっぱら自分の関心事を話すようになっていたのである。ソープランドの経営が困難なこと、このごろの若い娘の道徳心が低いこと、そして自分の今後のことなど次々に愚痴や不安が口をついてでてくる。私はいうなれば、お秀さんの格好の茶飲み友だちにも等しい存在になっていた。

そうしたとき、私は自分でも不思議なほどにのん気になれるのである。すでに、こいとを急《せ》く気持ちは薄らいでいる。

松山の居酒屋で

しかし、そうはいっても、追跡の手だてをすべてお秀さんだけに頼っていたわけではない。私独自にささやかながらも、その手だてを求めて努力をしていたつもりである。

ひとつは、「成駒屋」に残存した『娼妓名簿』(以下、『名簿』という)を頼りに、その後の娼妓たちを追うという方法である。

結果的にはそれは諦《あきら》めざるをえないことになったが、しばらくはその『名簿』を頼りに娼妓のその後を追うことに時間をさいてみたのである。

『名簿』は、はじめに紹介した帳場に残存していた帳面類のなかの一冊である。

印刷した用紙（氏名・生年月日・本籍地・戸主名などの欄があり、その中段に顔写真を貼る余白がある）が黒いボール紙の表紙に黒い紐で綴《つづ》ってある。表記の年をみると、昭和二二（一九四七）年から二八年までのものである。

そのころは、遊廓の経営者は所轄の組合や警察署に従業者（娼妓）の届け出をする義務があり、そのために作成した名簿である。用紙の隅に「名楽園組合」と小さな文字が記されている。そして、ところどころに「中村警察署」の割印が押してある。『名簿』は、この一冊だけが残っていた。が、それも、いまにしてみればさいわいなこと、といわなくてはならない。

さて、私が「成駒屋」の『名簿』のなかから追跡の対象として選んだのは、三人の女性であった。

一人は、本籍が愛媛県越智郡××町の横山美代さん（仮名。以下同じ）。渾名《あだな》を綾子といった。

二人めは新藤操さん。本籍地は広島県広島市××である。さらにもう一人は、岐阜県濃尾郡××町出身の脇田ヨシさんであった。

なぜ私がその三人を選んだか、それにはほとんど根拠がない。しいていうならば、愛媛県の横山さんは、娼妓名簿の写真がきわめて穏やかな顔つきで美人の相を呈していたから注目したしだいである。また、広島県出身の新藤さんと岐阜県出身の脇田さんについては、当時私が民具調査で集中的に足を運んでいた地域に、その出身地がたまたま近かったからにほかならない。広島市については、『広島県史』編纂《へんさん》のための基礎的な民俗調査を担当して、その前後足繁く通っていた。また、岐阜県の濃尾地方については、山村新興協議会の緊急調査の一環として、安藤慶一郎氏（金城大学教授）との合同調査を行っていた。

どうも、私の調査地や追跡対象の選択基準は軽薄にして不純である。なりゆきまかせのところもあって、はなはだ不まじめである。が、その反省はさておく。

三人のうち、広島市の新藤さんについては、その本籍地を訪ねてみたが、まったくその後の消息がつかめなかった。その地番に、該当者がいないのである。広島といえば、あの原爆被災地であるし、昭和二〇年代は、まだ地番・戸籍の整理が完全でなかったところもある、という。それ以上は、いかんともしがたいのである。結局、そこを訪ねただけにとどまってしまった。

次に、愛媛県の横山さんであるが、本籍地である越智郡××町の町役場を訪ねたのち、何人かの人をつないでその後の足どりをたしかめることができた。

横山さんは、郷里からそう遠くない松山市で小さな居酒屋をやっていた。

店の名は、「美代」。松山市の繁華街をはずれた橘橋《たちばなばし》のたもと、いわゆる小便横丁といわれるような一角にその店はあった(つい最近、私はそこを再訪したが、そのあたり一帯は区画整理が進んでいた)。

古い木造の一棟《ひとむね》を小さく割って、中央のたたき廊下をはさんだ両側に、間口一間、奥行き二間ほどの小さな飲屋が一〇軒ばかり。そのなかの一軒が「美代」であった。暖簾《のれん》をわけて、私はその店へ足をふみいれた。かすかに躊躇《ちゅうちょ》する気持ちが、足音をしのばせていた。

木製のカウンターにとまり木が数脚。お世辞にもきれいな店とはいえない。

さほど裕福とも思えないサラリーマンや労務者がとまり木にとまり、冬はおでん、夏は小魚を主とした簡単な料理をつつきながら、なみなみとつがれたコップ酒を一気にあおる。そしてコップの下の皿にこぼれた酒をすする。みるからに、そんな光景が浮かぶような一杯飲屋である。

まだ夕方だったせいか、私が入っていったとき客の姿はなかった。カウンターのなかで初老の女性が一人、黙々と料理の下ごしらえをしていた。

全体にやや小太りで、眼尻《まなじり》の皮膚はたるみ、首筋には年輪をあらわす皺《しわ》が深く刻まれている。袷《あわせ》の着物に割烹《かっぽう》前掛姿であったが、色香というものはとうに失せている。どうみても、どことい って特徴のない平凡な田舎の飲屋のおばさんである。

目の前のこの人こそ、横山さんにほかならない。

「成駒屋」の娼妓名簿の写真で見た、女性らしいういういしさ、美しさから私が勝手にふくらませていたイメージにはむろん程遠かった。しかし、よく見れば、鼻筋が通って面高《おもだか》なところ、きりっとしまった口元などに、わずかながらあの写真の面影を残している。当時二〇歳そこそこだった美人も齢《よわい》を重ね、いまは五〇歳をすぎた初老の女になっている。あたりまえのことであるが、時《とき》間はたしかに流れていた。

私は、はやる胸をおさえ、ビールとおでんを注文し、カウンターの隅で黙々と飲んだ。

横山さんは、けっして饒舌《じょうぜつ》ではなかった。

「何にします。まだ、おでんが煮つまっとらんけど……」

「お客さん、松山の人じゃあないようやね……」

しかし、そのようなお愛想を口にし、よそ者だからといって私のことを特別警戒視する風でもなかった。そして、おでん種《だね》をかえしながら、ときどきにさしさわりのないことを話しかけてきたりした。

だから、状況からいえば、訪問の目的にそって多少の話が聞けない状態ではなかった。他に客は誰もいなかったし、昔の話を切りだしたところで、それがしつこいものでないかぎり追い帰されることもなかろう。何らかの感触が得られる。私の勘が、瞬間そうはたらいた。

しかし、私は何も切りだ さなかった。いや、そのとき、私は、すでにそうした気持ちをなくしていたのであった。

「もういいではないか……」

私は、無意識のまま、ふとそうつぶやいていた。声にでるかでないかのつぶやきで、もちろん横山さんの耳には届かないもう一人の私のつぶやきであった。

エッとふりむいた横山さんのけげんな眼差《まなざし》に、私は何だかうしろめたさを感じてしまった。

「いえ、何でもありません。いいんです」

他人《ひと》様の過去を掘りかえすことは、むろん誉められた趣味ではない。まして、吹聴したくもない過去であれば、それを顕わにすることは罪悪でもあろう。

遊廓廃絶後、この人はこの人なりに紆余《うよ》曲折の人生をたどったに相違ない。たぶん、過去はおくびにもださず、過去と絶縁することで今日まで生きてきたはずである。そしていま、まがりなりにも自立し、小さいとはいえ居酒屋を営んでいる。それはある意味では、娼妓の時代を過ごした女性のささやかに誇りうる幸福な姿なのかもしれない。

あるいは逆に、そこは彼女が世間にそむくかたちでつくりあげた閉ざされた世界なのかもしれない。

それを、この店に通いつめて横山さんと十分に親しんだのちに話を聞くならともかく、初対面の私がぶしつけな問いかけをして、それで少しばかりの答を得たからといって何の意味があろうか。横山さんのような娼妓経験者からあえて話を聞かなくても、遊廓世界を知る手だてはほかにいくらでもあるはずだ。「遊廓残酷物語」を書くのでない以上、ここに足を運び彼女と対面したことをもってよしとしなくてはならない。あえて聞かずとも、彼女の現状を観察すれば、うかがい知れる部分もある。

彼女に会えただけで、もう十分なのだ。

私は、すでに別の世界に生きている横山さんをそっとしておこうと思った。私の胸を、何やらもの悲しくほろ苦い気分が押しあげてきた。そして、ビールとおでんのわずかな代金を払い、ごくふつうの挨拶口をかわしただけでとまり木を立ったのである。

なお、岐阜出身の脇田ヨシさんは、その時点ではやはり所在がつかめなかった。これは、彼女の本籍地の役場に問いあわせの手紙をだしてみたのであるが、その回答を拒否されたままであった。

右のような経緯があって、私は、それ以上に彼女たちの足跡を追求する気持ちがすっかり薄らいでしまったのである。

娼妓たちの家庭環境

大げさにいうならば、このあたりで、私は遊廓世界の追跡に少々意欲を失いかけてもいた。

思えば、「成駒屋」の残存民具から遊廓の商売のしくみを探る作業は、楽しいものだった。それは、未知の世界をのぞく冒険心を満足させるものであった。その場合、語り部として相手にするのはお秀さんただ一人でほぼ十分であった。だが、娼妓のその後を追うのは、思っていた以上にむずかしいことであった。その手だてもむずかしかったが、私の気持ちの内での反発が鎮《しず》まらないままに行動を鈍らせていた。

と同時に、娼妓そのものに対する私の興味も強まったり弱まったりで、執着心というほどに定まったものではなかった。それは、この一件だけにかぎらず、私自身の優柔不断な性分からなるところが大きい。

以下は、語弊《ごへい》があるかもしれない。しかし、誤解を恐れず告白する。一方で、私が、娼妓あがりの女性に執着心を燃やす何かが感じられなかった事実がある。先の横山さんに会ってみても、それでは何日も居すわって横山さんの懐にとびこんでみようか、という意欲がわかなかったのである。

民俗学の調査であれノンフィクション小説の取材であれ、赤の他人のライフストーリーを聞くには、その人にそれなりの「人間力」を感じなくてはならない。この場合の人間力とは、たとえば誠実さと明るさと頑固さを兼ねそなえたような魅力、と私は仮定している。もちろん、それは双方の相性がからみあって感知できるものであろうが、私は、横山さんからどうもそれが感じとれなかったのである。

横山さんの表情は、精彩を欠いたものであった。私が『名簿』の写真から想像した、ふくよかな美しさはすっかり枯れていた。外面だけでなく、私が期待する人間力には程遠いものであった。

いや、横山さん一人ではない。その種の女性には、共通した身心の崩れや疲れがあるのではないか。とくに、年齢を経るにしたがっての魅力が乏しくなるきらいがある。私にはそう思えるのである。

娼妓になるような、あるいは娼妓になったような女性の生き方に対して、さほどに共感がもてない。なぜ、そうまでに身を崩したのか。もし、自らもがその立場に甘んじていたのなら、あまりにも悲しい人生ではないか。私の気持ちのなかで、そうしたある種の偏見さえ芽ばえてきたのである。

なぜ、彼女たちは、さも従順に（私にはそう思えるのだ）売春稼業に染まっていったのだろうか――。

そこに遊廓があったから、というのでは理由にならない。遊廓が廃絶してからも、それに類する商業施設で働く女性があとを絶たないことは、周知の事実というものではないのか。

売春という稼業は、古今東西を通じてほぼ普遍的に潜在するものである。

吾門に千鳥しば鳴く起きよ起きよ　吾一夜妻人に知らゆな（『万葉集』巻十六）

阿曾比女《あそびめ》・傀儡女《くぐつめ》・夜発《やばち》・傾城《けいせい》・売笑《ばいた》・湯女《ゆな》・辻君《つじぎみ》・太夫《たゆう》・女郎《じょろう》・飯盛《めしもり》・夜鷹《よたか》など。

その種の文献類をざっと見てみるだけでも、各時代ごとにさまざまな呼称をもつ売春婦が存在していたことは明らかな事実である。

むろん、その場合の需要者は男性である。当然、供給者が女性となる。それも、普遍のしくみである。

が、それにしても、娼妓の人生とは、あまりにも無知で無味なのではないか。勝手な想像ではあるが、その疑問が堂堂巡りをして消えない。

もちろん、彼女らが苦界に身を投じたのは、それぞれに家庭の切実な事情があってのことに相違ない。それは、同情に値する。

たとえば、娘たちが遊廓に身を落とした最近例として記録に残されているのが、昭和九（一九三四）年、東北地方を襲った飢饉《ききん》（冷害）による農家の困窮との関連である。『岩手県凶作誌』をみると、稲の生育に晴天が必要な七月に二六日間が雨、九月も一二日間連続の雨で、その冷害によって、たとえば小国村などでは反当り二斗一升の収穫しかなかった（平年作の一二パーセント）とある。惨澹《さんたん》たる凶作であった。

その年、とくに娘の身売りが相ついだ。

山形県保安課の調べでは九年の十一月までで県内娘身売りの数は三千二百九十八名で、内訳は芸妓二百四十九、娼婦千四百二十、酌婦千六百二十九である。

（中略）

身の代金は六年年季が前借六百円であった。このうちから二百円は着物代として楼主からとられ、周旋人は五十円はとった。親たちの手取りは三百五十円。一年にして六十円にすぎない。（この年米一石の値段は二十四円九十一銭であった。また出稼ぎに出た若衆たちの賃金は一日一円十銭から一円三十銭まで。この中から食費五十銭が天引きされた）中には悪質な周旋屋にひっかかって親父の手に百五十円くらいしかはいらなかったという例もあちこちにあった。（『日本残酷物語』第五部「近代の暗黒」）

たとえば、ほかに、当時の地方紙（新聞）をみると、身売り防止の記事や座談会が何度か登場するが、それは逆に農村の孤立無援ぶりを伝える以外の何ものでもなかった。やむをえなく娘を娼妓に出す、そうした農村壊滅にまでかかわる事情がたしかにあったのだ。

だが、それだけが原因なのだろうか――。

こうした事実を、この際もう少し細かく分析してみよう。

ここに、別表に掲げた関連資料がある。これは、昭和二二（一九四七）年から二四年にかけて京都社会福祉研究所が行った調査データで、遊廓を対象にした諸調査のなかでは、私の知るかぎりもっとも客観的で信頼できる資料である。

それによると、娼妓となった女性たちの家庭環境をみると、大別して三つの特徴がある。

京都における娼妓の家庭環境

〈出身〉		〈学歴〉	
市部で出生	46.7%	無学	1.6%
市部で成育	52.9%	尋小卒または中退	50.8%
〈兄弟の関係〉		高小卒または中退	38.1%
平均兄弟数	3.6 人	高女卒または中退	0
長女	67.6%	〈家庭〉	
兄姉共になし	55.1%	職業	
父母兄弟全部なし	10.9%	公務・自由業	2.0%
〈結婚関係〉		会社員	3.8%
既婚	33.8%	商・工・交通	13.5%
結婚年齢	20.3 歳	農・漁	16.8%
現在夫あり	未調査	無職	32.1%
現在子あり	未調査	無回答	31.6%
〈離死別理由〉		〈生計〉	
明らかに戦死	25.4%	困難	61.2%
上記以外の死	34.2%	やっと	33.0%
親の反対	7.1%	楽	5.8%
〈前職〉		〈入楼事情〉	
家事・学生・無職・不明	19.1%	経済的理由	72.2%
事務員・会社・銀行	17.8%	友人にならい	3.1%
女工	17.0%	だまされて・他人のすすめ	21.1%
洋裁・ミシン工	3.9%	好き・あこがれ	3.6%
店員	3.9%	やけくそで	未調査
農業	3.9%	〈現状況〉	
女中	9.8%	今の売春生活に満足	31.5%
ダンサー	5.4%	現業をやめたくない	21.5%
女給・仲居・芸妓・娼妓	11.7%		
〈両親〉			
少なくとも一方がない	66.1%		
両親に育てられず	51.0%		

竹中勝男・住谷悦治編『街娼—実態とその手記』に所収の京都平安病院における調査データ（対象者 392 人，昭和 22 年）から作成。

第一は、両親、あるいは片親がいない傾向が顕著であること（六六・一パーセント）。両親がいても養育されなかった者まで含めると、それは七四パーセントにも及ぶ。

第二は、家長の失職が大きな要因となっている。この時点でその多くは戦災や引揚げであったが、家庭の中心者の病気、失業、怠惰などもあげられよう。

第三には、夫婦の離別がある。既婚者に未婚経産者をくわえると全体の三九・四パーセント。そのほとんどが夫（あるいは子どもの父親）と離別している（死別が多いが、夫の不徳、親の反対などによる犠牲も二〇パーセントあまりある）。

この三つの条件のいずれかひとつをあてはめてみても、当然、家族の生活はきわめて困難になる。

つまり、生活困難の家庭六一・二パーセント、それに生活がやっとなりたっている家庭をくわえると九四・二パーセントにもなるのは、家庭環境こそ娼妓を生む最大の要因だった、ということになる。その意味において、家庭の貧困を第一原因とするのは正しい。

しかも、彼女たちは長女（六七・六パーセント）、あるいは長子である場合が多い（五五・一パーセント）。

したがって、彼女たちは一家の重責を荷《にな》うかたちで働きにでなければならなかった。それは、主婦（ただし、若い主婦）の立場にある女性にしても同様であった。家庭の貧困を救うには、適齢の主婦なり娘なりを身売りするのが、かつてはもっとも安易ながら当面の収入を得る方法であったのだ。

そこに、「家」に従属する観念が大きく働いている。とくに、われわれ日本人は「家名」を重視する、というのは社会学や民俗学では通説となっている。が、他の民族社会を見わたしてみると、そこには人類普遍ともいえる原理（身売りの原理）がありそうでもある。

右のデータからみると、娼妓になるまでに事務員や女工など、いわゆる一般の職業を経験した者は約五〇パーセント。それに女中、ダンサー、仲居などをくわえると約八〇パーセントにもなる。ちなみに、この就職率は、ほぼ同年齢の一般女性の約一・五倍にあたる。ということは、当時の女性の働き口は、かぎられたものであった。

しかも、当時、女性の就業地位が低かったわが国では、世間的にまじめとされる職業ほど賃金が安く、女工や事務員、店員など（昭和二二年当時の平均賃金は、月三七七円が相場）では、一家をかかえてはとても生きていけなかった。

いまとは、時代も違っていた。貧困な家庭を生む社会もまた貧困であった。そんな女性たちに、たとえば、「月収一万円の仕事あり」と手をさしのべ、もとでなしに大金（前述したように、あくまでも額面上のみの大金）の入る道を与えたのが遊廓であった。

かくして、彼女たちはもっとも安易なコースとして正道・正業からはずれて陽のあたらない裏道をたどることになる。しかし、当時おなじような貧しい境遇にあった女性も多いなか、なぜ彼女たちだけがとくに転落していったのか——。

もちろん、この世界に生息するダニのような女衒《ぜげん》（口入れ屋）によっておとしいれられ、まったく意に反して遊廓に連れてこられた女性もいる（二一・一パーセント）。ということは、そのほかの女性は、たとえやむなくにしろ自ら娼妓への道を選んでいることを表わしている。

さらに驚くべきは、現状の売春生活に満足しているもの（三一・五パーセント）や、現業をやめたくないもの（二一・五パーセント）までがいるという事実である。

そこに、つまり、女性たちの意識の面でも大きな問題があるように思われる。

転外を重ねる理由

ここに、ひとつの口述書がある。

中村遊廓に近く、経営者や仲居との交流もあったという岐阜県の旭日園の娼妓（昭和一〇年生まれ）の口述書である（磯村英一『性の社会病理』に所収）。

六人兄弟の末っ子として私は生れたのであるが、父はかたわで下駄屋をやっていた。母は生活をたすけるために外で働いていたので生活には困らなかったが、家の手伝のためにたびたび学校を休ませられた。私はこのようなお店に父や兄達が遊びにいっていることを十五歳ころ知り、女の人が可哀そうだと思っていました。中学を卒業して十七歳の時岐阜で会社員になり一月五千円もらったのですが、家が困っていたので大部分を送金していました。しかし収入が少なすぎるので二十歳の時三重県で女店員になったのですがその時も月五千円しかもらえなかったのです。その年の夏婚約した人によって処女を失ったのですが、そんなことも動機になって家の商売の失敗から借金に困っていた家族を救うために七月十五日七万円の前借をして現在の店に自分で探して入りました。ここに来てから六回家に帰って、親も兄弟も私の商売を知っているが、楽しかった中学時代の先生には知られたくないと思って居ります。客は勤人や商人など若い人が多いのですがいやな人でも収入がへりますので大体とるようにし、泊りで千円位ですので月の平均が三万七千円位でこれを四分六にわけます。

友達と共同炊事をして食べているのですが生活は楽ではなく、一月の間に映画は一度位しか見られないのです。私のたった一つの喜びは好きな人に逢える時です。将来家庭を持ちたいがそれが出来ないなら好きな人の世話になってもいいと考えています。

そして、いちど娼妓に身をおとした彼女たちは、その多くが遊廓のなかで確たる生活意識ももたず、将来の展望ももたず、手先の技術を身につけるでもなく、読み書きを習練するでもなく、流されるままに無為な日々を重ねていくことになる。遊廓に身を投じた娼妓のうち何人が将来への建設的な希望をもち続けただろうか。年季が明けたあとの人生を模索する努力がどれほどなされただろうか。

まことに酷な見方になるが、それは、きわめて疑わしい。

文があった。

「成駒屋」の残存資料のなかにも、そうした娼妓の安直とも思える生き方を物語る一文があった。

「成駒屋」の経営者だった大竹銀さんがひじょうに筆まめな人であったことは、すでに紹介した。銀さんは、『花山帳』を裏綴りにして帳面をつくり、それにときどきの記念すべきこと記憶すべきこと、それに金銭の出納《すいとう》などを書きとめていた。その帳面は、いわば銀さんの雑記帳であり備忘録であった。

青いインクが色あせている。

そのなかに、次のような娼妓の身元を聞きとった一文がある。

廿一年六月五日

本日石原様ニ七千円ヲ渡ス

浦和市仲町×丁目××

稲垣××長女×　大正七、三、二五生（中略）

本籍地ニ於テ六年卒、東京都四谷区新宿町池中××方ニテ娼妓稼業ヲ為シ二年、

中村区羽衣町大橋×ニテ三年娼妓

岐阜市金津ノ大門通若尾××方ニテ娼妓ヲ為シ四年間就業其後自宅ニ帰リ昭和二十三年四月三十日ニ桑名郡長島町下町枡屋×××方ニ給仕婦ヲ為シ（後略）

この銀さんのメモの一文は、そのまま信用してよいであろう。ということは、かつて遊廓世界には、このように転々と渡り歩く娼妓がいたわけである。これをどうみるか、意見が分かれるところであろうが、売春という行為が常習化する女性が存在したことは事実として認めざるをえまい。

もちろん、この文面からだけでは、彼女の家族構成や生活状況はわからない。それなりに切迫した家庭の事情があっただろうし、あるいは、たちの悪い口入れ屋（女衒）が介在したのかもしれない。しかし、いったん遊廓世界から足を洗ったはずの彼女が、なぜ再びそこにもどらなくてはならなかったのか。そこに、彼女自身の責任というものはないのだろうか。

遊廓世界には、回帰現象がみられる。

大竹銀さんは、また別のページに次のような一文を記しているのである。

廿一年十二月二十一日
新野××、今春三月三十一日岐阜県大野郡××村ニ帰農スルモ年越餅代が必要トテ頼リ来タリ、年内ノ仮約束デ再雇用ス

にわかには信じがたい回帰例である。

遊廓世界を循環し遊廓世界に回帰する、そうした女性もいたのだ。先にも紹介した『成駒屋』の『娼妓名簿』（昭和二三～二八年）には九七人の登録があるが、そのなかで最長の就業期間が四年一〇カ月二五日、最短のそれが三日であった。平均すると、数カ月で回転しているのである。彼女たちは、ひどく短期間で娼家から娼家へ移動しているのである。

戦後は、法規上では、就業先をきめるのは彼女たち自身であった。もちろん、実際には前借（借金）の旧慣が引き継がれていたし、口入れ屋も介在していた。しかし、返金の手だてさえ講じれば（それはむずかしかったであろうが）、就業先を変更することが可能だったのである。それだけに、彼女たちの選択にも、無知だといってすまされない問題があるように思えてならない。

朝から晩まで男の体を相手にする娼妓稼業は、たしかに想像を絶するほど過酷であったに違いない。しかし、その世界に長く居るうちには、娼妓稼業に対する抵抗感とか反省心が薄らいでもくるのではなかろうか。そうだとすると、遊廓を離れたのちの一般的な労働を、娼妓稼業よりもより過酷に感じてしまうことだってあるに相違ない。一面だけをみて、女性は受難者、なんてごまかしてはならないように思えるのである。

このごろ、男女雇用均等法に代表されるようにとみに女性の社会的な地位の向上が現実化している。まことに喜ばしいことである。が、好色にして鄙猥《ひわい》な男性の性的需要に毅然とした見識と姿勢をもって対峙《たいじ》する女性の意識向上が一方でないことには、売春行為の廃絶などありえないはずなのである。

テキヤ社会に語り部を求めて

娼妓の追跡は、またしばらく暗礁《あんしょう》にのりあげたままであった。

そこで私は、お秀さんが示唆《しさ》した周旋人（口入れ屋）を探してみることにした。

とはいっても、どこを探したらいいのか、その手がかりは何もない。ただ、わずかに私のなかの〝勘〟が、ある方向をさしていた。

それは、テキヤ社会に探りを入れてみることである。

テキヤ衆のなかに口入れ稼業に精通している人がいるのではないか、と思った。

ちなみに、テキヤとは、香具師《やし》といわれる類の露店商人のことであり、その組合組織である。露店商人の大半は、零細な規模の旅まわり商人である。旅にでれば、土地の人との折衝もあり、同業者との軋轢《あつれき》もある。その調整のために、まず、露店商人同士の統制が必要となった。そうしたところで、各地方ごとにテキヤ組織が生まれたのである。

巷間、テキヤはヤクザと混同されがちであるが、博徒《ばくと》からなるヤクザ系の組織とは本質的に異なっている。無職渡世ではなく、有職渡世なのである。彼らは、全国津々浦々の高市《たかまち》(祭りや縁日の仮設市)をめぐり歩き、露店を張って商いを行ってきた。平均して年間三分の二は旅にでていた、という。

したがって、交通が未発達で旅が大衆化していない時代、日本の隅々までいちばんよく知りえたはず。つまり、各地の情報に長《た》けていたのは、おそらくテキヤ衆であっただろう。とすれば、彼らは、当然、地方の次男や三男、あるいは娘たちの都会への就職の斡旋なども、余業として行った者もいたのではあるまいか。

また、テキヤ衆のすべてがもちろんそうではないが、私がみるかぎり、なかには遊びに長《た》けた人が比較的多い。それは、テキヤ稼業が旅を基盤とした商売であり、日銭のはいる商売だったからで、旅先の遊廓に登楼したり、盆茣蓙《ぼんござ》（博打場《ばくち》）をのぞいたりすることが、それをいましめながらも往々にしてある、という話を聞いていたからである。

そうしたことから、私は、テキヤ衆のなかには周旋人についての情報をもっていたり、さらに中村遊廓について詳しい人がいるのではないか、と思いついたのである。

さいわいなことに、私はテキヤ衆とは因縁浅からぬつきあいをもっていた。

話がわき道にそれるが、私は、昭和四四年からおよそ一〇年間、日本全国をフィールドとして、民具の調査、とくに生活雑器の代表であるやきもの（陶磁器）の技術体系と流通経路、使用状況などの追跡調査を比較的丹念に行ってきた。当時は、一年の半分以上を旅に費やす日々であった。その旅先で、私は、じつにさまざまな私とご同業ともいえる旅人との出会いをもった。

なかでも、行商にたずさわる人たちとのつきあいがおもしろかった。とくに、年老いた行商人たちは、各地の風土を知り、世間に精通しており、旅においても民俗風俗を知る上においても私のよき先輩たちであった。許される状況にあれば、いくどか行商に同行させてもらったりもした。

そのなかに、テキヤ社会でワンチャといわれる茶碗屋の人たちがいた。茶碗屋とは、もちろん茶碗だけを売るというのではなく、セトモノ（主として磁器）の象徴として茶碗屋という言葉を使っていたにすぎない。

扱う商品は、二級品以下のセトモノ。それを、いわゆるバサウチ（叩き売り）という商法によって、付帯価値をつけて売りさばく。いまでこそ、バサのタンカ（タクともいう口上）はあまり聞けなくなったが、かつては、全国津々浦々の高市《たかまち》で、茶碗屋の威勢のいいタンカが響いていたものである。

茶碗屋は、有田（佐賀県）あたりからもでたが、瀬戸（愛知県）、美濃（岐阜県）など、主に中部地方の生産地を中心に発達した。

茶碗屋の活躍が著しかったのは、全国的に鉄道網が整った明治末期から戦後（昭和四〇年ごろまで）にかけてのことである。それは、日本人の日常食器の中心が、従来の木器（漆器や白木地）や陶器から磁器に移りかわっていった時期に重なる。もちろん、磁器の普及については、卸商から小売商へと流通する商品が主流ではあったが、産地から直《じか》に出てゆく茶碗屋と彼らが扱う二級品以下の商品がはたした役割も大きかった。

ともかく、私は、そうした茶碗屋の人たちを通じて、旅商いの術やらテキヤ社会のしくみなどへの興味がふくらんでいったのである。

とくに、生涯を茶碗屋として生きた堀江利兵衛翁との出会いが強烈であった。その詳細を語ることは紙面の都合上控えたいが、利兵衛翁は、若い遊学の徒だった私に、あとからしてみると遺言とも思えるほどに熱心にテキヤ渡世のさまざまを語ってくれたものだ。

堀江利兵衛翁、昭和五四年没、享年八二歳。

私は翁の死後、その生前の語りをたどるかたちで翁の生涯を追跡し、その結果を『ワンチャ利兵衛の旅』（河出書房新社）にまとめることになった。

しかしそれには、亡き利兵衛翁の話を傍証し、なおテキヤ社会の的確な語り部となってくれる人が、どうしても必要であった。

さいわいなことに、私はそうした人たちにもめぐり会えた。かつて、利兵衛翁が属していたテキヤ一家、本家熊屋《くまや》駄知《だち》分家《ぶんけ》六代目の長瀬忠雄、テキヤ組織としては中京地区最大の勢力をもつ名門の本家熊屋（駄知分家はここの配下にあたる）一九代目の松本正一、名陶会（テキヤ一家の枠を離れて組織されている茶碗屋の組合）会長の小木曽三郎（前出）の諸氏である。

彼らは、唐突に訪ねていった私に対して、まことに協力的であった。多忙な時間をさいて熱心に話相手をつとめてくれた。そうした彼らの情熱は、もちろん彼ら個人の名誉心や下心があってのことではなかった。テキヤという職業を愛するがゆえの協力であった、と私は理解している。

そうした経緯があって、私は、テキヤ社会との浅からぬ因縁を今日につないでいるのである。

さて、話を元にもどそう。

私は、遊廓世界の追求のひとつの手だてとしてテキヤ社会に目をむけた。しかし、そうかといって、その後、長瀬さんたちに会う機会があっても、直接その話をもちだしたかといえばそうではない。ただ何となく現状を述べたものの、あとは話の流れにまかせただけである。

それでもおもしろいもので、そうしているとポロポロと情報が耳に入ってくるものである。

もっとも身近なところでは、小木曽三郎さんが、昭和二〇年代に中村の大門の前で露店を張ったことがある、という話を聞いた。また、小木曽さんは、遊廓の経営者と談合して、娼妓たちに湯呑茶碗などを売った経験もあった。そのあたりのことは、前章で紹介したとおりである。

さらに、三年前（昭和六一年）の八月のことであるが、土岐津《ときつ》（岐阜県）の花火に招かれて、その夜久しぶりに長瀬、松本の両氏と会う機会があった。そのとき、両氏から耳よりの情報を得たのである。

「そうじゃ、川瀬の親父《おやじ》さんなら、わしらよりずっと遊廓の世界をよう知っとる。何で、いままで思いつかなかったんじゃろ。そうじゃそうじゃ、川瀬の親父さんに紹介するから、会《お》うてみたらどうや」

もちろん、私としては、異存はない。渡りに船である。

さっそく松本さんに仲介を頼み、一週間後、松本さんの事務所で、川瀬徳三郎（仮名）翁に会うことになったのである。

娼妓になじんで遊廓に逗留した親分

本家熊屋の事務所は、名古屋市西区にある。

鉄筋三階建。二階三階は若い衆（子分衆）の住居で、一階が事務所になっている。およそ一〇坪ほどのスペースであるから、大柄な若い衆が数人たむろすれば、少々圧迫感を覚えそうである。

その席（事務所の応接セット）には、松本さんのほかに、名古屋熊屋六代目、つまり川瀬翁のあとを継いだ長谷川正造さんも同席してくれていた。

時刻は、午後三時。約束の時間を寸分も違《たが》えることなく、若い衆の先導で川瀬徳三郎翁は、その小柄な体を事務所の入口に現わした。九〇歳という年齢にもかかわらず、黒のポロシャツを粋に着こなし、矍鑠《かくしゃく》としている。

松本さんと長谷川さんが、さっと立ちあがり、慇懃《いんぎん》に席をすすめた。

「お待たせして、あいすいません」

川瀬さんは、そういって私の前の席に腰をおろした。

もちろん、その表情は、年齢相応に枯れている。しかし、背筋はピンと伸び、耳もたしかである。言葉は、名古屋弁をほとんどはさまず、歯切れがよい。とても九〇歳とは感じさせない若々しさがあった。しいてたとえるならば、高齢でなお高座をつとめる落語家の、粋で枯れて、なおかつ年齢の深さ、人生の深さを感じさせる、そうした風貌であった。

川瀬さんは、昭和二（一九二七）年にテキヤ稼業に入り、戦後まもなく名古屋熊屋の五代目を襲名した。したがって、その存在はテキヤ社会でももちろんそれなりに重いものがあったが、名古屋を中心としたその筋では、むしろ博打《ばくち》打ちとして一世を風《ふう》靡《び》していた、という。

その川瀬さんは、また絶倫の精力家でもあった、という。川瀬さんのあとを継いだ六代目の長谷川さんによると、川瀬さんについて旅にでるということは、博打の賭金《かけがね》を用意することであり、夜の相手をする女性を世話することであった、というのである。

川瀬さん自身が語るところによれば、名古屋熊屋の五代目を生涯つとめるつもりであった。それを四年前（昭和六〇年）、現六代目に跡目を譲るときめたのは、花札の絵やサイコロの目が読めなくなったこと（視力の問題ではなく、そうした勘が鈍ってきたこと）と、九〇歳が近くなって、さすがに女性と同衾《どうきん》するのがわずらわしくなってきたからであった、という。その話からしても、川瀬さんは稀代の遊び人であった。話がひどく遠まわりしたが、とくに川瀬さんが中村遊廓の情報提供者として得がたい存在だったというのは、そういう半生のなかで、中村遊廓に三年ばかり居続けた経験があったからである。

「私が遊廓に通いだしましたのは、大正一〇年ごろからでございます。一本（線香代）が、ふつうの店で一二銭五厘の時代ですな。三〇分居てだいたい五〇銭でしたから、一本というのは六〜七分ということになりましょうか。もちろん、時計はありました。ですが、その当時は、まだ線香計算が幅をきかしておりまして、それが実数というもんでした。時計時間がでてくるのは昭和になってからで、それから線香時間が形式だけになったんですな。

そうですな、中村（遊廓）ができるちょっと前ということになりますかな。

当時は、まだ顔見世が一般的でした。

ええ、私はあとで中村へもよくまいりましたが、お金のあんまりないときには、大《おお》曽根《ぞね》の城東園（北区）で遊びました。城東園は、中村の半分ぐらいの値段だったと記憶しております。

実際に遊廓へはよく通いました。私は、酒をほとんど飲みませんので、稼ぎのほとんどを遊廓で遣《つか》ったことになるでしょうか。自慢にはなりませんがね。もうご存知かもしれませんが、私は遊廓に居続けたこともございます。とくに、中村の豊田楼《とよたろう》（のちのトヨタ）には、三年ばかりもおりましたでしょうか。たしか、昭和一四年から一七年にかけてのことでございます。

豊田楼は、中村のなかでは三流どころの遊廓でした。間口三間、奥行六間ばかりの二階建で、部屋は六畳間が基準。それが下に四部屋、上に五部屋ばかりありましたかな。

お恥ずかしい話ですが、その豊田楼で、私はある女郎と懇《ねんごろ》になりました。本名を申しますのはちょっと差障《さしさわ》りがありますが、まあ、時効でしょうからもうよろしいでしょう。本名は牧ミツコと申しました。

ミツコは東京の女でして、御多分にもれず家庭が貧しく、豊田楼に身売りをしてきたわけです。廓《くるわ》では、広子という名で出ておりました。当時、五年年季のしまいのころでしたから、たしか二四歳だったと思います。

川瀬徳三郎翁（中央）と長瀬忠雄、松本正一の両氏

ミツコの話によれば、父親はなく、母親と兄一人妹一人の三人兄弟でしたが、その兄貴というのが極道《ごくどう》者で、母親のわずかな内職の稼ぎだけでなく、のちになってミツコの稼ぎまでも食いものにしたと申します。

ミツコのような東京の女というのは、当時の名古屋では珍しい存在でございました。たいして器量はよくなかったのですが、色白で、目元に男心をひく色気がありました。私とはなぜか気心があい、ついに私はミツコの部屋に入り浸り、そこから仕事に出ていくような状態におちいったわけです。

仕事に出ていくと申しましても、若い衆がよく働いてくれておりましたので、庭場（一家がとり仕切る高市＝露店市）の場所を割るとか、同業の親分衆への義理がけに出ていくくらいで、あとはミツコと過ごすか、ミツコに別の客がついているときは、博打場へ足を向けるか、そういう自堕落《じだらく》な生活が続きました。お恥ずかしいかぎりでございます。

と申しましても、ミツコを引いた（身請けした）わけではございません。テキヤ風《ふ》情《ぜい》の私にそれほどのまとまった金があるはずもなく、ミツコの部屋が空いているかぎり、ほぼ下宿部屋というような使い方をしていたんですな。

豊田楼にしてみれば、金をちゃんと払う大尽《だいじん》の客であればもっと喜んで逗留《とうりゅう》させたのでしょうが、私の場合は、どちらかといえばミツコに貢がせるようなかたちでしたから、それほど歓迎する客ではなかったはずです。ただ、ミツコが私を大事にして、私の酒代、食事代をおぎなっておりましたので、豊田楼にしましても、それだけミツコに借金をかぶせて拘束することになるわけでして、歓迎はしないまでも無下に断わる筋でもなかったわけです。

それともうひとつには、当時、豊田楼の若主人が戦争に出ていて、番頭の宇佐美門三郎という男が一人ですべてを仕切っている状態でしたから、いかに三流の規模の遊廓とはいえ、ときどきの男手が足りなかったんです。かといって、男衆を一人雇い入れるだけの宇佐美の度量も豊田楼の経済的余裕もなく、客でありながら、ときどきに彼を助けて働いてやっていた私は、豊田楼にとっても結構重宝な存在だったのでございましょう。まあ、こういっては何ですが、私は、その筋の連中に少しはにらみもきましたから、用心棒がわりにも便利だったんでしょうな。そうでなければ、いくらなじんだ女がいても、そう長逗留はできません。

そういうことで、私は、豊田楼にほぼ居続けという状態になっていたのです。

そんな毎日が一年ほど続いたころでしたか、あるとき、しばらく旅に出ていて帰ってみると、豊田楼からミツコがいなくなっておりました。

そのころ、私は、もうすでに宇佐美とすっかり親しくなっておりましたので、すぐに彼を呼びつけ、私に何の相談もなくなぜミツコがいなくなったのかと問いつめましたところ、ミツコの母親が口入れ屋を連れて東京からやってきて、どうしてもまとまった金がいるといって、新潟に転外させた、というんです。

ええ、私は驚きましたし、怒りもしました。でも、そればかりは仕方のないことです。ミツコは私の女だといってみても、所詮、引いてたわけじゃございませんからね。真実《ほんとう》のところは、よくわかりません。母親と口入れ屋が来たところで、宇佐美だって、ミツコに商品価値があるうちに私と離した方が得とふんだのでしょう。勘ぐらなくても、きっとそんなもんです。そのころのミツコなら、吉原や中村ではそれほどではありませんでしたが、新潟あたりにもってゆきますと、まだ一級女郎として売れたでしょうからな。豊田楼の借金に上乗せして売り、その差額を母親と口入れ屋と宇佐美とが分配したに違いございません。

遊廓とは、そんなところでございます。

一人の女に何人もが食いついている。と申します私だって、けっして威張れたものじゃありません。いまで申しますと、ヒモも同然の遊び人でしたから。

かわいそうなのは、女でございます……」

川瀬さんは、ソファーの背もたれに頼ることなく、背筋をしゃんと伸ばし、膝をそろえて、私を正視しながら話すのである。

その表情は、好々爺然《こうこうや》としていた。そして、その語りは、枯淡の境地にあった。

私に対しては、そうであった。しかし、ときおり、松本さんや長谷川さんが口ばさむ質問に対しては、鋭い眼差《まなざし》を返す。そんなとき、川瀬さんは、なお矍鑠《かくしゃく》たるその業界での威厳を示すのであった。

川瀬徳三郎翁の話は、澱《よど》むことなく続く。

こうしたとき、私は、ほとんど質問口をはさまない主義である。本音の話、真実の話を聞くには、問わず語りが望ましいのである。だが、川瀬さんの話を聞く主な目的は、それまで「成駒屋」の残存資料とお秀さんの口述に頼って私なりに描いてきた遊廓の世界に、より的確な彩色を施すことにあった。

川瀬さんは、テキヤや博徒の世界に通じていて、ともするとそちらの話に展開しがちであり、私もついついそれにひきこまれてしまうが、ここはときどきに話の軌道を修正しなくてはならないだろう。私としたらまったく珍しいことなのだが、ところで中村遊廓ではこのあたりまでの見当がついたのですが……、と言葉をはさんだりすることになったのである。

それに、いくら元気であるとはいえ、川瀬さんは九〇歳。いつかまた話が聞けるだろう、とのん気に構えない方がよいだろう。

「遊廓の世界というのは、摩訶《まか》不思議なところでして、何ごとにつけ当事者同士が直接に話をすすめるということがまずございません。

客があがる（登楼する）ときは、張店《はりみせ》があったころですと女郎と言葉をかわしたり、女郎をからかったりすることはありましたが、それでも直《じか》取引はなく、手順とすればかならずやり手ばあさん（仲居）を仲介しなければならなかったわけですな。

そうですな、そのあたりは、あなたもお調べ済みのことでしたな。

同じように、女が遊廓につとめようとするときも、本人が直接飛びこんだり、親が娘を連れて働き口を捜しに訪ねまわったりということはございません。もっとも、戦後（昭和二〇年以後）は、お目見え（本人が直にくること）や親出し（親が連れてくること）もありましたが、ほとんどの場合、口入れ屋を通さなければ、遊廓につとめることはできませんでした。

そうですか、口入れ屋のことが、わかりにくいですか。

口入れ屋というのは、各地方をまわって、娘たちとその親を言いくるめ、前金を渡してその娘たちを連れて来て、遊廓に斡旋する、そういう女郎斡旋業者のことでございます。

口入れ屋、つまりは女衒《ぜげん》ですな。世のなかの嫌われ者、人さらいとか人買いなんていわれることもありました。あなたもご存じじゃありませんか、親が子どもをしかるのに、そんなことをしたら人さらいに連れていかれる、なんていっていたことを……。

もちろん、その口入れ屋にもピンからキリまでございまして、良心的な者と、まさに女衒根性を丸出しの者とがおりました。しかし、ある意味では、そうした口入れ稼業があってはじめて遊廓という商売がなりたつという面がありました。

なんせ、女郎《おんな》を売り買いすることは、建前《たてまえ》のうえではご法度《はっと》だったですからな。いえ、戦後のことじゃございません、私らの若いころからご法度だったはずです。

ですから、口入れ稼業は、ただたんに女郎を集めてきて各遊廓へ仲介するというだけではありません。その女郎斡旋のしだいを、警察署や保健所など関係の役所に届けでる、というところまでを仲介したのです。

もちろん、正式な届出をするのは雇主（楼主）でした。雇主は、女郎が就業したのち、女郎の顔写真に、本名と生年月日、本籍地などを記したいわば女郎の簡略な履歴書をお役所に提出することが義務づけられていたはずです。しかし、そこに至るまでのわずらわしい裏の事務処理万端を代行するのが口入れ屋だったわけでございます。

そうでございますな。私どものテキヤ稼業と似たところもあるでしょうな。蛇《じゃ》の道は何とやらと申しますか……、あなたもいいたとえをおっしゃる。

私どもテキヤは、高市にチャクトウ（到着、営業を申請すること）をつけるわけですな。高市を主催する、あるいは主催者を代行する土地の一家がチャクトウを受けるわけです。そうすると、そのとり仕切る一家がお役所への届け（警察へ道路交通法、保健所に食品衛生法に関する申請）や地元商店との談合、電気や水道の手配などいっさいをまとめてとり行います。つまり、高市にならぶ一店一店が本来は銘々に行わねばならない手続きを代行するわけですな。だから、他所《よそ》から来たテキヤ衆は、チャクトウをつけてショバ（場所）を割ってもらえば、簡単に露店《みせ》が張れるんです。そのかわり、手数料としてショバ代（場所代）を払います。

お役所相手には、慣れた者が手続きを代行する、それは、ほかにも代書屋なんかもそうでしょう。口入れ屋も、その昔女衒といわれていたころは人さらい業だったかもしれませんが、私らが知ってからは、親と本人、雇主と役所をつなぐ就職斡旋業でしたな。雇主に対しては親・本人を代行して、役所に対しては雇主を代行して交渉するわけでございます。

戦前までは、口入れ屋を通さないと女郎は動かせなかったもんです。たとえば、こんな三文芝居のようなことも実際にございました。

まず、口入れ屋は、女郎を遊廓に入れるときに、一晩なり二晩なり自分の家とか旅館に泊めて別な職業につくように説得をした、という建前をとります。それから、ご念のいったことに、その娘《こ》を警察の保護相談にもかけた、というかたちもとります。然々斯々《しかじかかくかく》の家庭の事情により、両親も同意しているので遊廓で働きたいという。ついては一生懸命留意して他の仕事を捜すよう諭《さと》したのだが本人の意志がかたく、ついにこれこれの遊廓に就業することにさせたい、というふうに申しでるんですな。それに対して、警察も簡単に形式だけの調書をとったうえで、女郎に対して遊廓に入るということがどういうことであるのか、あらためて説教するのが通例でございました。警察側にしてみれば、強く説教はしたが、生活のはなはだしい困窮などの理由により本人の意志がかたいため、やむなく就業を認める、人身売買ではない、というかたちをとる必要があっただけですな。

ですから、警察と口入れ屋とのやりとりは、なれあいの茶番劇とでもいったようなものでございました。そんな時代もあったんです。

ヤクザ、テキヤ、それに口入れ屋、どれも警察には何やかやとごやっかいになりますが、それだけになれあって、素人衆の目をごまかすような茶番を演じたりしがちでございましたな。もちろん、表向きにはよろしくはないでしょうが、裏には裏のややこしさもありまして、いちがいにすべてが悪いともいえないでしょうな。はい、私は、テキヤでございます。ですが、高市よりも賭場《とば》（博打場）へ出た回数が多いぐらいにヤクザ衆とのつきあいが日常でしたし、遊廓でも口入れ屋のまねごとぐらいはしていますから、裏のやりとりはよく知っております。

自慢にはなりませんな。まったく、お恥ずかしいことでございます」

川瀬さんも、そのあたりに話が及ぶと、さすがに言葉を選んで慎重であった。

いわゆる人身売買について

ここで、私は、先に紹介した「成駒屋」に残存していた『娼妓名簿』の意味を理解した。それが、周旋人を経由して娼妓たちが就業したのち、楼主から組合を通じて警察に提出された名簿（届出書）だったことを、私はようやく確信したのであった。

しかし、なぜ、警察に提出されたはずのものが、「成駒屋」の帳場に残されていたのか。他の目に触れてよいものではない。そのあたりは、誰に聞いても明らかでない。
そこで、これはあくまでも私の想像であるが、「成駒屋」がいちどは警察に提出したものの、どこかに不備な箇所があって返されたか、あるいは何らかの事情が生じて提出を見逃されたか、たぶん、そんなところであろう。
だとすれば、そうした提出書類そのものが形式的なものであり、業者と警察のなれあいとはいわないまでも、両者間で執行性の薄いとりきめだったように思えてならない。いや、そうだったのであろう。

歴史をふり返ってみると、実質的な人身売買と売春行為を包含する遊廓社会と、それを取締まる警察権力とは、まことに微妙で不透明な均衡を保ってきた。それは、いみじくも川瀬さんがいうように、遊廓世界の摩訶不思議を物語ることでもある。ちなみに、人身売買そのものは、法律上では明治初年に厳然と禁じられているのである。そして、それによって娼妓も解放されるはずであった。

太政官布達第二九五号

一、人身ヲ売買致シ、終身又ハ年期ヲ限リ其主人ノ存意ニ任セ、虐使致シ候ハ人倫ニ背キ有マシキ事ニ付、古来禁制ノ処従来年期奉公等種々ノ名目ヲ以テ奉公住為致、其実売買同様ノ所業ニ至リ以ノ外ノ事ニ付自今可為厳禁事。

この太政官布達は、マリア・ルーズ号事件に端を発して生じたものである。

これも蛇足ながら、マリア・ルーズ号事件の概要は以下のとおりである。

明治五（一八七二）年六月、ペルーの汽船マリア・ルーズ号が中国人苦力《クーリー》約二三〇名を乗せ航海中に暴風雨に遭遇し、横浜港外に碇泊して修理することになった。そのとき一人の苦力が海中に身を投じて逃れ、イギリス軍艦に救助を求めた。そこでイギリス公使から副島外務卿（のちの外務大臣）に書翰《しょかん》が送られ、マリア・ルーズ号にたいする糾明《きゅうめい》を要望した。それにしたがって、日本の管轄権《かんかつけん》のもとに特命裁判がはじまるのであるが、奴隷虐待《どれいぎゃくたい》の罪が決定しようとするとき、逆にペルー側からの強硬な申したてがあった。日本がそれほど奴隷解放を求めるなら、もっと過酷な遊女の人身売買をどうするつもりなのか、というものであった。それに対して、特命裁判長の大江卓は、日本政府は近々娼妓の解放を行う予定だ、と答えた（この話は、すでに通説化してもいる）。

そうした経緯があって、太政官布達がなされたのである。したがって、どれほど日本国内においてその主旨の必然が意識されていたかどうか。機が熟していたとは、とうてい思えない。

それが証拠に、たとえば、翌年（明治六年）、東京府知事は府令第四五号で「貸座敷渡世規則」と「娼妓規則」を以下のように定めている。

貸座敷渡世規則

第二条　渡世致シ度者ハ願出鑑札申受候上、店頭ニ看板ヲ可掲候、尤免許無之場所ニテ営業不相成候事。

第三条　無鑑札之娼妓等へ座敷貸与へ候儀堅ク不相成候事。

娼妓規則

第一条　娼妓渡世本人真意ヨリ出頭之者ハ、情実取糺シ候上差許シ、鑑札可相渡、尤十五歳以下之者ヘハ免許不相成候事。

但寄留之者ハ本籍引合之上可差許事。

第二条　自宅ヨリ出稼スルモ貸座敷ニ同居スルモ各其自由ニ任スト雖モ渡世ハ免許貸座敷ニ限リ可申候事。

第六条　毎月両度ツツ医員之検査ヲ受ケ其差図ニ従フヘシ、病ヲ隠シテ客ノ招ニ応候儀決テ不相成候事。

第七条　客ノ望ニ候共一昼夜以上之滞留決テ為致申間敷事。

つまり、強制売春でなく貸座敷営業であれば鑑札制《かんさつせい》のもとに許可する。そして、娼妓は、あくまで自らがその職業を選択する名分をもって免許する、というのである。いわゆるザル法発令と特別措置のくり返し、いや、もうそのことはいうまい。ここでも建前が第一、その大義名分を整えることで遊廓が存続することになったのだ。

かくして、この東京府令に準じて各県で「遊女屋渡世規則」や「遊女貸座敷営業規則」などが定められることになった。

それによって、娼妓を希望する者は、父兄、親族の連印、在籍地の戸長印を整え、家庭の事情を述べて遊廓を所轄《しょかつ》する警察署長宛に出願することになった。そして、当局の詮議《せんぎ》を受けた上でやむなく許可されるというかたちをとるようになったのである。

身代金は、前借金という名にかえられた。

もちろん、実質的には旧態依然としたものであった。ただ当局に対する手続が煩瑣《はんさ》になっただけである。その手続を円滑《えんかつ》に代行する役目を含めて、口入れ屋稼業もまた存続することになった。むしろ、娼妓・楼主・管理当局の三者にとって、周旋人こそがより有用な存在として重要になってきたのである。

そのことは、「成駒屋」に残っていた「金圓貸借及藝妓營業契約證書」の上でも明らかに表れてくる。

これは前述したように、娼妓の前借の金額を定め、その返済法（年季とその算出法など）、就業規則・違約時の賠償などについてとりきめがなされているのであるが、その最後に「本件ノ関係人左ノ通リ」として連名がある。まず、債権者（「成駒屋」の場合は、大竹銀）、債務者（書面上では芸妓とあるが、この場合は娼妓）の名前があり、続いて「右親権者」として親や親族が連帯の債務者として名前を連ねる。そのあとに、「無職」とわざわざことわって「親権者代理人」として「名古屋市中区××町　中田××」などと記されているのである。

さらに、次のように但し書きがある。

本職其氏名ヲ知リ且面識アリ
中田××ハ代理人ノ権限ヲ證スヘキ證書
ヲ提出シテ其代理権限ヲ證明セリ

つまり、この中田某こそが周旋人であり、親権者に代わって（ということは本人に代わって）、娼妓就業のとりきめを行ったということにほかならない。

それほどに、周旋人の存在が大きかったのである。

転外と身請けの構造

さて、しだいに興がのってきたのか、川瀬さんの話はますます歯切れよく、さらに遊廓の裏面に切りこんでいく。

「ミツコが新潟へ行った時期、ミツコには当時の金で三〇〇〇円からの借金があったはずです。ミツコが東京から中村に売られてきたときは、前借が二〇〇〇円だったと聞いておりますから、豊田楼にいた二年のあいだに借金が雪だるま式にふえたことになります。

不思議にお思いでしょうな。しかし、私にいわせれば、それは少しも不思議なことではございません。なぜって、遊廓というところは、そういうしくみになっているのですから。

ああそうでしたな、遊廓のしくみはもうだいたいをご存知でしたな。小木曽（前出の小木曽三郎さん）からも話を聞かれたそうですから……。

そうでございます。女郎は、歯ぶらし一本、石鹼一個からしてずいぶんと割高の品ものを買うわけです。ええ、ええ、湯つぎ屋のこともご存知のとおりです。

遊廓というところは、口入れ屋・雇主・仲居・行商人、それに親兄弟までが寄ってたかって女郎の上前《うわまえ》をはねるところです。法律が通じる世界ではありません。何だかんだと抜け道をつくっては、たかるんですから。

私も、そのころミツコに相当額の立替払いをさせておりました。ですから、ミツコが転外したことで、結果的には、私はそれを踏み倒したことになります。どうも、まことに、お恥ずかしい話でございますな。

それともうひとつ、借金が雪だるま式にふえていった大きな原因としては、やはり病気がございますな。

病気の治療費、入院費などは、もちろんすべて女郎もちでした。ですから、体の弱い女は、たとえどれだけ切りつめて年季をつとめたとしても、借金の返せる道理がございません。

ミツコの場合は、結局、新潟へ転外したのちに結核を病んだわけですが、豊田楼にいたときから体の弱い女でした。そのうえ、私となじみあってからというもの、私が行けばその日はもう他の客を断わるというようなことで、実際は実入りがなくお茶をひく状態が多かったのです。そこに加えて、タチの悪い母親や極道の兄がやって来ては、ミツコの稼ぎからチョコチョコ金を持ちだしていたのですから、二年間ほどで借金が倍近くまでふくらんだというのも無理からぬことでございましょう。

新潟へ行ったミツコからは、ときどきに手紙がまいりました。まあ、手紙が書ける程度の頭はある娘《こ》でしたから。

ミツコの手紙には、その都度、体が熱っぽいとか、おりものが止まらないとか、体の不調を訴える言葉が目につきました。私は、別れたのちもミツコに対しては憎からぬ気持ちをもっておりましたし、ミツコの転外に際して立替金をかぶせたままだったという負い目もありまして、手紙がくれば、その都度二〇円とか三〇円ぐらいの金を用立てて送ってやりました。

えっ、ミツコが転外してからの私の生活でございますか?

さすがに気分が晴れませんで、ミツコのようななじみはつくりませんでしたが、先ほども申しましたような理由で、豊田楼には半《なか》ば挨拶まわりのようなかたちで、よく行っておりました。まあ、ときどきに遊びもしましたが、そういう立場であれば、豊田楼の女にはそうそう手がだせません。遊ぶのは、もっぱらよその娼家《みせ》でしたな。

ええ、相かわらず家にはほとんど帰りませんでした。女房は、熊屋(一家)の一人の構成員として露店《みせ》を張って立派にやっておりましたし、私は、相もかわらず豊田楼を主な根城《ねじろ》にして、義理がけと場所割りに顔をだすほかは、博打に明け暮れるという、自堕落《じだらく》で遊び三昧《ざんまい》の生活を続けておりました。

私自身の話は、もうよろしいでしょう。ミツコの話でございましたな。

そうこうしているうち、ミツコから、こんどは福原《ふくはら》(神戸市)に移ったという知らせがまいりました。新潟へ移ってからまだ半年もたたないころだったでしょうか。

私は気になったので、それからしばらくして福原にミツコを訪ね、わずかばかりの金を手渡してまいりました。

その後、ぷっつりとミツコからの便りが跡絶えていたのですが、また半年余りたったある日、ミツコが突然名古屋にやって来たのでございます。

髪をうしろに束《たば》ね、銘仙《めいせん》の着物姿で私の前に現れたミツコは、それはもうやつれはてておりました。中村にいたころは、それなりに女のふくよかさをもっていたのですが、久しぶりに見るミツコは、まるで別人のようでございました。頬はこけ、目はおちくぼみ、そのうえ、目の白い部分が黄色くにごっているのです。

その黄色い目に涙をいっぱいためて、開口一番、ミツコは私に、別れに来た、と申すのです。その声は、いまにも消え入りそうなほど、弱々しいものでした。

理由をただすと、いまの自分には三〇〇〇円の借金がまだ残されたままで、それを返すために満州に行かなければならなくなった、と目をふせたまま、言葉少なにそう申すのです。

当時の女郎の転落は、都会の一流遊廓から二流遊廓へ、あるいは田舎町の遊廓へ、さらには船員相手の港町の遊廓を経て外地へというのが、典型的なコースというものでした。その途中で体がボロボロになって病死したり廃人になったりするのもいれば、なお歳をとってパンパン（街娼）になるのもおりました。売春婦の一生なんてそんなもので、なかなか浮かばれません。

ミツコにかぎりません。私は、身近にそういう女をみております。私の身内に和田開一というのがおりまして、それが身上を崩《くず》して女房を遊廓に売ったのですが、その女房も五年ほどのあいだに、満州まで堕《お》ちていったものでございます。

私は、ミツコが心から哀れになりました。素人《しろうと》目にみても、ミツコが結核におかされていることは明らかです。ここでミツコを見捨てることはできない、と思いました。

男と女の仲は、不思議なものでございますな。

さんざん道楽をしてきた私が、ミツコ一人だけにはそういう男気《おとこぎ》をだしたのですから。情が通うだけでなく、体がなじみあうだけでなく、自分でも不思議な気分が動いたのでございます。魔がさした、と片づけるわけにもゆきませんが……。

そこで、私は豊田楼の宇佐美に会って、ミツコをもういちど豊田楼に置いてもらえないか、女郎としてはもう無理だろうが、自分と一緒に下働きをさせるので何とか置いてほしい、と頼みました。

宇佐美は、借金の解決さえつき、それをもちこまないということであればいいだろう、と申しました。女郎あがりの仲居なら、また使い勝手もよろしいものですからな。金の問題は、私にしてもいちばん頭を悩ますところではございましたが、まあそれは何とか算段するとして、とりあえず東京に電報を打って、ミツコの母親を呼びよせました。まず、母親の欲気をとめることが必要だったのです。

はい、それはイヤな感じの女でございました。私のことを値ぶみするように上目づかいに見ましてね、お前に三〇〇〇円が払えるのか、と申したもんです。

私も喧嘩腰ですからな、はっきりいってやりましたとも。三〇〇〇円は私が埋めるから、口入れ屋に話してミツコの満州行きを止めろ、とね。ええ、もう半分は意地になっておりましてな、母親の冷淡さや欲気に腹をたてた、というんですか、私も若うございました。

女郎のなかには、転外するたび、あっちの口入れ屋、こっちの口入れ屋と、その都度ちがう口入れ屋を通す者もおりましたが、それはよくありません。どの口入れ屋を通しても、結局、同じようにピンハネされるんですから、道義としてもはじめの口入れ屋を頼るのがまあ無難ですな。口入れ屋も、他人《ひと》が手がけた女郎《おんな》の裏はわかりにくいから、頼まれたからといっても簡単には動きません。ミツコの場合も、はじめに東京から名古屋に来たときに仲介した口入れ屋が、その後ずっとついておりました。もう、母親とつるんでいると申しますか、ミツコをいい食いものにしていた奴でして、私が借金はすべて払うと申しましても、はじめのうちは本気にしませんでした。ええ、私のやったことは、分不相応なことでございました。何しろ、当時三〇〇円といえば、小さい家なら一軒建つ金です。よっぽどの器量人でなければだせない金ですから、母親や口入れ屋がはなから相手にしないのも無理からぬことだったでしょう。

で、私がその金をどうしたかといえば、結局、宇佐美を頼ったしだいでございます。はじめは当然のことながら、宇佐美は、一人の女にそんな大金はとうていだせん、と申しました。それでも私はねばって、ミツコに貸すのでなく私に貸してほしい、とくり返し頼みました。ええ、もっと正直に申しましょうかね。少しばかり、脅《おど》しをかけたのですな。宇佐美は、そのころは豊田楼の主人に納まっていましたが、番頭から主人に成りあがる裏がいろいろありまして、それを取引きの材料にしたのです。それ以上は申しませんが、私も誉められることをしてきたわけじゃございません。お恥ずかしい渡世を送ったもんでございます。

そうです、その金を口入れ屋に渡して、たしか口銭《こうせん》もないことにして、ようやくミツコの満州行きを止めることができたのでございます。

さて、そのあとたいへんでしたのが、ミツコの治療でございました。すぐに黒田病院に入院させましたところ、私の素人判断に間違いはなく、ミツコは結核にかかっておりました。とくに黄疸《おうだん》がひどく、入院治療に約半年を費やす結果となりました。

その間、私は、宇佐美への借金の返済はありますし、ミツコの治療費もかかるということで、熊屋（一家）の義理ごとと博打とで何とか金を稼ごうといたしましたが、とても追いつくものではございません。借金の返済どころか、ともすれば、一日の稼ぎより以上に病院に注ぎこむはめになりましたから……。ミツコが働いていたときと同じように借金はふくらんでゆきました。

それでも、私なりに一生懸命ミツコに尽くしたのでございますよ。あとにもさきにも、あんなに一生懸命だったことはございません。黄疸にシジミがきくと聞けば、名鉄電車に乗って三河湾に面した一色《いっしき》という町まで、一日おきにシジミを買いにまいりました。そして、黒田病院の廊下にコンロを置いてシジミ汁をつくり、ミツコに飲ませたものでございます。われながらよく世話ができた、と思っております。

半年後、ようやく退院したミツコは、それからしばらくのあいだ、私といっしょに豊田楼で下働きをいたしました。

ところが、病院で視力がきわめて弱くなっていたのと、何分にも遊廓というところは朝から晩まで、客の出入りがあるかぎりは起きてて働かなければならない稼業でございますから、病あがりの身にはやはりこたえたのでございましょう。ミツコは、またしだいに疲れを訴えるようになりました。

そこで、私は、思いきってミツコを豊田楼から出すことにいたしました。そして、名古屋の駅裏の小川楽平という人の家の二階を借りて住まわせ、私の本業のなかに入れて古着の露店《みせ》を張らせることにしたのでございます。

なぜ古着屋かと申しますと、水野某という同じテキヤ仲間が、自分の女に古着屋をやらせてえらく儲けていたからでした。その女に商売の仕方を教えてもらい、ミツコにやらせることにしたわけでございます。そのころは、古着の売買は儲かったんですな。

荒れるにまかせた中村遊廓の建物と中庭

まあ、それからは、しばらく平穏といえば平穏でございました。

はっ、ミツコがらみの借金はどうしたのかですって。

ええ、もちろん、返しましたとも。ただし、元金の三〇〇円にわずかを足したぐらいでございましたね。そうそう、たしか三二〇〇円でしたか。あとは棒引にしてもらったんでございますよ」

川瀬徳三郎翁は、最後の一言は、ニヤリと笑って余韻を残したのである。

のちに、現六代目を継いでいる長谷川さんに聞いたところ、その三二〇〇円も大半は、子分衆や一家の身内衆が親分の危機を救うということで、チョーメン（帳面）をまわして（テキヤ社会には、仲間の危機を救済するチョーメンの制度がある。他でいう頼母子《たのもし》とか無尽《むじん》に相当する、としてよい）用立てたものであった、という。

シャイな川瀬さんは、それをニヤリとした笑いでごまかしたのである。

こうして、はからずも私は、間接的にしろ当事者に準じる川瀬さんから、牧ミツコという一人の女性の遊廓における流転の人生を聞き知ることができた。彼女にとって、川瀬さんの存在は、それでも薄幸な人生でのかすかな光明だったのかもしれない。

再び中村遊廓跡で

例によって、私は、「新金波」の控室にお秀さんを訪ねている。

そこを、もう何度訪ねたことになるだろうか。掃除のおばさんとも帳場を手伝うおばさんとも、すっかり顔なじみになった。トルコ嬢（当時はそう呼んでいた）たちの控室へも木戸御免《きどごめん》である。

お秀さんの登場を待たず、誰かがすばやくお茶をたててくれる。妙な気分である。特殊浴場の帳場や控室にすわりこむことは、やはり幾分かの恥ずかしさや誇らしさが交錯して、ある種の夢気分になってしまうのである。

やがてお秀さんの、足音。身丈《みのたけ》にあったピッチの足音である。これも身丈にあった小さな顔をさらにくしゃくしゃに縮めて、お待たせしてしもうて、と部屋に入ってくる。

そのときは、唐桟縞《とうざんじま》の着物に灰色の前掛と同色の襟当《えりあ》て布をつけていた。

「そうか、あんたは、たいしたしつこい人じゃのう。偉いもんだわ、四国まで訪ねていったんですか。それで、話は聞けずじまいだって。まあ、そうだろうな、それがあんたのいいとこなんだわの。

そうじゃろうがの、たとえばそれで話を聞けたところで、たぶん本当のことはでんじゃろう。そう簡単に話すはずがないですがの。

えっ、私か。私は、もうあんたには嘘をいうてないよ。ただ、私が女郎じゃったとしたら、男とあれをどうしたこうしたというのは、なかなか話せるもんじゃないわの。私は、商売にそれをした覚えはないが、それでも話せんだろうな。

それにしても、あんた、ようそこまで足を運んだな。感心なことだわ。

ほーっ、名古屋に口入れ屋がおりなさったかい。それもよかったなあ。そこまで探すとは、ほんまに感心なことだわ。偉いもんだわ。

ほんとうのことをいうて、私自身は、口入れ屋とのつきあいはない。いじわるをするんではのうて、そのあたりのことになると誰も紹介できんのだわ。私の母や伯父が遊廓のはえぬきじゃったから私も口入れ屋がおったことは一応は知ってはおったが、その口入れ屋がどういうかたちで娼妓《こども》を動かしてたかというようなことまではよう知らん。あんたから聞いて、あらためてそんなもんかとびっくりしておるようなわけなんですがの。

私も、あんたに会《お》うてから、昔のことをおさらいしたわの。一生懸命思いだそうと思うていろんなことを考えとるんだが、なんせこのとおりもう年をとってしもうて頭がぼけとるし、勉強もしとらんから、せっかくあんたに来てもろうても、お話できるようなネタがもうこれ以上にでてこんのだわのう。すまんことです。

それでも、何となく気にしてると、それなりに思いだしてくるもんで、この前妙な話を思いだした。名古屋の駅の裏へヨッちゃんがずっと出とるらしい。それで、〝岐阜のおばちゃん〟といわれて結構な顔らしい、とつい二、三年前に聞いたことがあるんだわの。

ヨッちゃんは、私らの店《とこ》の娼妓《こども》ではなかったんじゃが、昔々、ちょっとしたことで知ってたんだわの。どこの店の娼妓《こども》だったかな……。体が大きな娘《こ》で、口は悪いがあっさりした気性の娘だった。でも、あんまり売れっ娘《こ》ではのうて、よくお茶をひいていたようだの。男衆と私が店の娼妓《こども》を三人だか連れて検査に中村病院に行ってたとき、あの娘《こ》も来とった。それで、話したことがあるんだわの。それ以上は、知りませんがの。

中村病院

ヨッちゃんは、あのころでも二〇歳《はたち》の後半じゃったから、もう六〇（歳）が近いはずじゃがの。それなのにまだあの人、立ちん棒《ぼ》（街娼）をしてるみたいです。私が直接にたしかめたわけじゃあないが、どういうことだかなあ……。

でも、ヨッちゃんにかぎらず、名古

屋の駅裏の立ちん棒のなかには、昔どこかで見かけたような人がいますわいの。お互いに見て見ぬふりして、たしかめんけど……。立ちん棒が何人いるかはよう知らんが、まあ一〇〇人や一五〇人はいるはずだわの。

どれだけ話が聞けるかはわからんが、ヨッちゃんは気のいい娘《こ》だったし、探してみたらどうですかの。あんまり遅くない時間がいいわの。遅くなると、客についてホテルへ行ったりして、いないかもしれんから。

ヨッちゃんがどこに立ってるかまではよう知りませんがの。ただ、立ちん棒にはそれぞれ縄張りがあって、どこの電柱からどこの電柱までとか、この角からこの角までというようにきまっているらしいわの。ヨッちゃんは、どうもあのあたりでは顔役らしいから、きっとわかるんではないですかのう。

一緒に行って探してやってもいいが、このとおり、あそこまでもう一人で歩いてはいけん。このごろは買いものをするんでも、少し遠いところだと、娘に車で送り迎えしてもらってるような状態じゃから、なかなかあんたの手伝いはできませんがの。それに、こうして店をやってる以上、夜はここにすわっとらんと、やっぱり責任もあるでの。役にたたんで、すまんことですのう。

これから行ってみなさるのか。そうだろうなあ、あんたのことだから……。でも、気をつけなされよ、場所が場所だから。探しても無駄だったら、またもどっておいで。一二時までは、私はここでずっとすわっているんじゃから」

私は、気が急《せ》いた。

ヨッちゃん——もしかして、私が「成駒屋」の娼妓名簿から選んだ三人のうちの一人、岐阜県出身の脇田ヨシさんではないのか。その呼び名と岐阜という地名とが、私にその連想をさせたのである。

が、それでは話ができすぎというものである。「新金波」を出て駅に向う道すがら、お秀さんがいうヨッちゃんは源氏名からくる呼び名で、戸籍上のヨシであろうはずがない、と私は気を鎮《しず》めたものである。

それでも、中村遊廓で働いていた女性から今度こそ話が聞けそうだ、という予感があって私の胸ははずんでいた。

名古屋駅裏に街娼を探す

夜の名古屋駅裏は、歩を緩めてゆくには、いささか薄気味悪いところである。もとより繁華な通りではない。すでに時流から外れた蒼然《そうぜん》たる町並みである。夜のとばりがおりたのちは、いかにも街娼が立ちそうな環境にある。

一歩路地裏に入って見わたせば、電柱ごとに、あるいは町角ごとに、いかにもそれらしき女性が所在なさそうに立っている。わずかな距離を、往ったり来たりしている女性もいる。いずれも中年から初老の女性で、いかにもおばさん然とした野暮ったい身なりである。が、口紅を不自然にどぎつく塗っていたりする。

しかし、正直いって私には、どの人が街娼で、あるいは街娼の周旋人で、はたまたどの人がたまたまそこを通りかかった人なのか見分けがつかなかった。

暗がりの電柱づたいに歩くのははじめてのことで、私も多分に緊張していたのである。いちど目はただ足早に通りすごすことになった。結局、その間、誰からも声はかからなかった。

あとで落着いて考えてみると、それも当然のことである。私は、あまりにも足早であり、よそ見もしなかったようだ。それでは相手が声をかけようにもかけられないではないか。

二回目は、あらためて意を決して、街娼らしき人がいれば、目をあわせやすく声をかけやすいようにと、ズボンのポケットに両手を入れてぶらぶらとことさらゆっくり歩いた。

すると、案の定、あちこちから声がかかった。声そのものが手招きをするような、ふくみ声である。

「おにいさん、遊ばない？」

「おにいさん、暇？　どこへ行くの？」

よく見ていると、なるほどそれぞれの縄張りがあるらしい。いくらしつこく声をかけてきても、あるところまで来ると、その女は「じゃあね」とか「ケチ！」とか捨てぜりふを短く残して、それ以上追ってこようとはしない。袖を引いたりすることもしない。すると、また違う女が声をかけてくる。しかし、ヨシさんらしいおばさんはどうも見あたらない。誰かに聞いてみようかと思っているうち、一人の女が目についた。

その女は、道路に面した駐車場の前に所在なさそうにポツンと立っていた。年齢は三〇代後半から四〇代にかけてといったところであろうか。先ほどまでの女たちにくらべるとそれでも比較的若く、きれいな顔立ちをしている。しかし、彼女が私の目についたのは、年齢でも顔立ちでもなかった。骨折でもしているのか、左手を三角布で肩からつっていたからである。

「おにいさん、二度目だわね、ここを通るの。どこへ行くの？」

といって、その女は近づいてきた。

かすかに胸が鳴り、耳朶《みみたぶ》が熱くなってくる。

「どこへ行くのかといったって、あんた、その腕じゃあ商売はできんだろう」

「私は怪我をしててダメだけど、よかったらいい娘《こ》を紹介するよ」

彼女がそのとき営業中であればそうはいかなかったであろうが、休業中ということで、私にも若干の余裕が生じた。

「まあ、寒いなかたいへんだろう。コーヒーでもごちそうするから少しつきあわないか」

と、私はすかさずいった。われながら、よい間あいであった。

すると、彼女は、うつむき加減に思案をしたのち、

「うん、それもいいわね」

といって、案外に素直《すなお》に応じてくれた。彼女のあっけらかんとした口調が、私の気持ちをずいぶん軽くしてくれた。

そこは、いかにも何から何までが場末を表徴する喫茶店であった。壁は煙草のヤニでよごれ、ビニールのソファーはところどころが破れている。それでも、店内はほぼ満席だった。地元の人とも旅の人とも判断のつかない、一見してうさん臭い客が多かったが、誰もこちらを気にするふうもない。彼女と話すにはふさわしい店であった。

向いあってすわった彼女は、灯《あかり》の下でみても比較的整った顔立ちをしており、言葉づかいも穏やかであった。

彼女は、さっそく、意外とも思えるほど滑らかに身の上話をはじめた。

自分はごくふつうの主婦だったが、夫の浮気が原因で小学生の子供を連れて離婚した。借家を借りて事務員をしながら子供を育てているが給料は安いし、生活費やら学費やらで食べるのが精いっぱい。それで、ときにこうやって街に立っているのだ、という。

しかし、私にはそんな身の上話はどうでもよかった。それに、こういう女性たちが、そう簡単に真実を語る道理がない。体を張って盛り場に生きる女性の大半は、二、三種類の身の上話をもっている。

それはともかく、熱心に語り続ける彼女に水をさすのもどうかと思い、私は、曖昧に相槌《あいづち》をうちながら、彼女の話がひととおり終るのを待った。そうした時間も、私には苦痛でない。

そして、ころあいをみて、ところであんたは「岐阜のおばさん」を知っているかい、とたずねてみた。

すると、彼女は一瞬言葉をつまらせて、どうしておばさんのことを知っているのか、と怪訝《けげん》そうに問い返した。私は、これまでの経緯をかいつまんで彼女に話した。

「ああ驚いた。おにいさんが岐阜のおばさんを捜していたとはね……。たぶん、あの人のことなんだわ。

岐阜のおばさんは、いまたしかにこのあたりで三ブロックぐらいを束ねている人ですよ。おばさんのグループはだいたい一〇人ぐらいかな。いえね、私は違うのよ。おばさんのとなりのグループなんだから。

私らは、ヤクザとは無関係。仕切っているのは、昔からこの世界で生きてきた年輩の人が多いですよ。それで、長いあいだには自然ともち場というのが区切られてきたんだろうね。だから、よっぽど客が強引に連れていかないかぎり、この一帯に立っているのはこっちのホテル、あっちの一帯に立っているのはあっちのホテルというように、グループによって客を引く場所と営業する場所がそれぞれに分かれているんですよ。縄張りというほどかたいものじゃあないけど、だいたい自分たちのしまはきまっていて、よそのしまに行ったんではそうそう簡単に商売はできないですね。

そういうふうに離れて立っていても変な客が来れば集団で立ち向えるんだし、手入れがあっても信号をだして逃げられるんですよ。そうそう、避難訓練ができているわけ。女一人体ひとつの商売だから、まあそういうグループに身を寄せる必要があるわけ。孤立しては、こんな商売はできないですよ。

私らのところへヤクザが来ないのは、あたりまえでしょ。私らのあがりからかすめとったってたかが知れてる。あの人たちの懐は、少しも太らんですよ。私らの商売は労務者など、ヤクザよりまだ下のゴミのような男たちが相手で、一寸間《ちょいま》二〇〇〇円から三〇〇〇円だもの。目くじらたてていいがかりつけるほどの、商売といえるほどの商売じゃあないですよ。これだけじゃあ食べていけんよ、ほんとうに。私だって別に仕事があるし、毎日立っているわけでもないですよ。

岐阜のおばさんも、毎日は来とらんですよ。おばさんは、もう年齢《とし》だし、このごろは自分で客をとるより仲介することの方が多いはずですがね……。

おにいさん、もし明日も名古屋にいるなら、もういちど来てごらん。明日はおばさんも出てくるだろうし、私が引きとめといてあげるから」

彼女は、ほとんどすさんだ感じがせず、私が抱いていた街娼のイメージには程遠い親切な女性であった。

時間をとらせてしまったことを詫びると、

「どうせこの手が治るまではあんまり商売にはならんのだから、そんなこと気にせんでいいですよ。それよりも、どうもごちそうさま」

とまでいってくれたのである。

それでも私は、何かに使ってくださいな、と一寸間《ちょいま》の代金に相当する三〇〇〇円を彼女に渡して喫茶店を出た。

そのとき私は、瀬戸（愛知県）の窯場《かまば》の調査に行くついでの立ち寄りだったのであったが、そういう経緯《いきさつ》があってそのまま名古屋駅裏のビジネスホテルに泊ることになった。

そのホテルも、奇妙にうらぶれた雰囲気がたちこめていた。ロビーに敷かれたカーペットは色あせて端がめくれている。薄緑色の壁や天井は、シミが大胆な模様を描いている。旧式なエレベーターは、きしみながら時間をかけて五階まで私を運んでいった。

部屋には花も額画もなく、その空間は寒々しいまでに殺風景であった。デコラのテーブルにジュラルミンの灰皿。テレビ画像の映りもよくない。

だが、その部屋からは、例の路地裏の一画がのぞけた。煙草の臭いをたっぷりと吸いこんだカーテンを引くと、そこが俯瞰《ふかん》できる。街灯やイルミネーションの光を避けて、暗がりのなかに小さな赤い火がゆらいで見える。そこにぼんやりと、人の輪郭が浮かんで見える。彼女たちが煙草を喫いながら客待ちをしているのであろう。

私は、しばらく窓辺に立ったままであった。

現在、売春は、法的にも人道的にも許されざる行為となっている。売春婦そのものの存在が反社会的なだけでなく、それに関連する管理者もまた罪悪な存在とされる。それは、もちろん間違っていない近代的な規範というものなのである。

だが、こうして街頭に立つ彼女たちの渡世を誰がどのように批判できるのであろうか。年齢を重ねてまでそうせざるをえない彼女たちに、ほかにどんな生活路があるというのだろうか。

少なくとも、私は、彼女たちに売春行為の悪しきことを説き更生を促す言葉をもっていないのである。

彼女は、街娼についてはヤクザが管理するところではない、といった。あれほど利権に目ざといヤクザさえもが黙認するほどにささやかな稼業なのである。是認はしないまでも、黙認せざるをえないところがある。

むろん、そうした彼女たちを一夜一時の慰みものとする客の男たちにも、屈折した背景があるのだろう。

女は悲しい

男もつらい

私は、ふと、柄にもなくそんな流行歌の歌詞を口ずさんでいた。

残した疑問をとく話

そして、翌日――。

雨がそぼ降る夜であった。

昨夜の駐車場の前に行くと、例の三角布の彼女が約束を違《たが》えずに待っていてくれた。その隣に、雨合羽《あまがっぱ》（和装レインコート）を着て下駄ばき、蛇《じゃ》の目傘《めがさ》をさした大柄な初老の女が立っていた。「岐阜のおばさん」に相違あるまい。

表情をすかして見ると、女性とすればその人相が骨ばった造作である。あり体《てい》にいうと、垢《あか》ぬけてはいない。たとえれば、かつての農家の主婦然としている。が、その眼光が相手を値ぶみするかのごとく一瞬鋭く動くのは、その世界に生きる女性特有のものがある。

岐阜のおばさんには、私が追跡を試みていた脇田ヨシさんの名をそのままかぶせて仮名としておこう。

ヨシさんは、私を見るなり、

「お兄さん、いつか相手になったかいな」

と問うたものだ。それが、最初の一声であった。

私は、思わず苦笑いした。

「そうじゃないよ。おばさんにちょっと話を聞きたいんだ」

というと、ヨシさんは、さすがにその言葉に対しては警戒を強めたようだった。

そのとき、三角布の彼女がすかさずいった。

「違うよ、さっきもいっただろう、おばさん。この人は悪い人じゃない。遊廓のことを調べている学生さんだよ」

その彼女のあらためての紹介で、ヨシさんの警戒もとけたようである。というよりも、ヨシさんは、三角布の彼女の事前の説明もあって、はじめから私の来ることを知っていた。乱暴な言葉と値ぶみをするような目つきをもって、自らその気構えを解いた、といった方がよい。

「まあ私なんかに何の話が聞きたいのかようわからんが、そういうことならかまわんよ。

私も、この年齢でまさか毎晩商売もできんし、最近は、このへんで仲間を紹介することの方が多いわの。それでいよいよ誰もおらんときに、お客さんを見定めて相手をするぐらいさ。そりゃ、女は、この歳でもアレはできるさ。じゃから、一時間ぐらい休んだところでどうということはないですがの。

そりゃあ、ほんまはホテルへ一緒に行って、ちゃんと金を払ってもらった方がうれしいけど、コーヒー一杯ご馳走《ちそう》してくれるならつきあうよ。にいさんは、この娘《こ》のなじみでもあるらしいから……」

ヨシさんは、豪快に笑いながらそういった。

結局その夜は、三角布の彼女も一緒に、三人で昨日と同じ喫茶店に落ついた。

そこでヨシさんは、さすがに隣のテーブルが気になるのかやや声をひそめはしたものの、それほど隠しだてする様子もなく、その半生を語りはじめてくれたのであった。

その後、私とヨシさんは、さらに二度ばかり会っている。いちどは、そのときと同じように夕暮れどきの喫茶店でである。もういちどは、昼間のパチンコ屋で待ちあわせ、そのあとで、商売はせんでもいいから休めるところに行こうよ、というヨシさんの誘いにしたがってヨシさんの顔なじみの旅館の一室を借りてのことであった（そのときは、出前のすしを食べながらの話となった）。

二人だけになると、ヨシさんは、さらに素朴で親切な受けこたえをしてくれた。私がみるかぎり、ヨシさんには、おせっかいやきの性分《しょうぶん》があるらしい。これは、美しき誤解というべきであるが、ヨシさんは、私を三文文士《さんもんぶんし》とみたようである。そして、その指南役として自分が選ばれたことは、ヨシさんの自尊心を満足させることでもあったらしい。

ヨシさんは、その口調も表情も明るかった。はた目には、明るく映った。それが、聞きにくい内容の話をあえて聞こうとする私の気分を軽くした。

私は、ヨシさんから、遊廓が廃絶してからのちの人生を聞いてみたい、と思っていた。

しかし、その前にぜひ聞いてみたいことがある。例の「成駒屋」の残存民具のなかで、ひとつだけわけのわからないものがあったからである。お秀さんに聞いてみても、伊藤さんに聞いてみても、その用途が不明のままであった。

それは、人形・玩具の類である。娼妓の部屋に何種類かの人形や玩具が残っていた。もちろん、それらは装飾品なのである。が、その景色がふつうの人形や玩具といささか異なっているのである。

人形は、いわゆる姫人形の類ではないのだ。姫人形も飾られていたかもしれないが、

招き猫の人形と稲荷の狐

部屋に残されていたのは土器や磁器の稲荷の狐像と招き猫像であった。それぞれ対になっているところをみると、商売繁盛、千客万来を願ってのことに相違あるまい。飾るというよりも祀っていたのであろう。

それにしても、何やら気味悪い。長い間放置されたままだったので薄汚れているのは当然であるが、手にとってよくよく見ると、ただほこりをかぶって汚れているだけではない。それを手でくり返しくり返しなでたのであろうところが黒光りしているのである。凸部だけがそうなっており、凹部は素地の白さをそのまま残しているのである。なかに、招き猫の顔に墨で髭《ひげ》を描きこんだものもあった。

それに、どんな意味があるのだろうか。娼妓たちの怨念のようなものさえ感じられて、少々気味悪いのである。

それよりも、なお理解に苦しむのが張型の存在である。それは、二つの部屋に一個ずつあった。一部屋のは木箱に入った木彫の男根像であり、もう一部屋のは天井裏に手拭《てぬぐ》いで包んで隠してあった素焼土器の男根像であった。現代風にいうならば、大人のおもちゃであるが、まさか実用品ではあるまい。

「成駒屋」の残存民具を漁《あさ》るがごとくに収集したあのとき、床や畳の上に散在する破片類まで注意する余裕がなかったのが、あとにしてみると悔やまれる。たしか、他の部屋にもそれらしき人形や玩具の破片があったようにも記憶しているのである。ほとんどの娼妓の部屋にあやしげな人形・玩具の類があった——摩訶不思議なことといわなくてはならない。

話を聞く口切りに、その疑問をヨシさんに問うてみた。

「そんなことまで調べなさったのか。女郎の裏の裏のことですがの……、あんたのように若い男の人にわかってもらえるかどうか、まあいい、話してみましょうか。

女の体は、おかしいもんです。体というか、気持ちも含めて、おかしい反応をすることがある。さみしいというか、うつろというか、体がほてるというか。そう、そう、一種の欲求不満には違いないですわの。泣きたいようなわめきたいような、どこへももっていきようのないイライラがでるときがある。ヒステリーとはちょっと違うけど……、あるんだわの。

たぶん、男の人にはわかってもらえんだろう。私も、うまいこと説明できませんがの。いまの私にはもう縁がないことじゃし。

もちろん、女郎は、客を相手に本気になることはない。いちいち本気で相手になっていたら、もちませんがの。そうです、キスをさせんというのも本気でないから。本気でないというよりも、本気にならんためですかの。上の口は貸さん、貸すのは下の口だけ。それが、女郎なりのけじめのようなもんだわの。誰から教わるわけでもないが、昔からそれが女郎の意地じゃといわれてきとるで、それなりの理由があるんだろう、な。

それでも、生身の体じゃもん、ここまでは仕事ということで割りきれんこともありますわの。女の体は、そのへんがおかしいところで、人によってそれぞれじゃが、生理の前になると理屈が通じん体の人もあれば、排卵日のあたりにそうなる人もある。

それればかりか、まさか客の前で人形《でこ》になっているわけにはいかんので、好《す》いたように感じたようにふるまうでしょう。そうですがの、演技が必要になりますわの。それでも、その演技を重ねているうちに、嘘が本気か、本気が嘘かが自分でもわからんようになってくることもありますがの。そんなときは、生身の体じゃもの体の芯がうずいてくる。

ところが、本気で達することがなかなかできん。客も、それがわかって丁寧に扱《あつこ》うてくれる人がおればいいが、そんな人はおらん。ほとんど男が、自分勝手に女郎の体の上を通りすごすだけ。時間をかけて本気で女郎の体の芯のうずきを消してくれる男は、まあいないもんだわの。

そんなとき、女はどうすればよいか、体のほてりと気持ちのイライラをどう処理できるか、あたりまえに家庭で生活をしとる人にはわからんことでしょう。家庭では、子どもがいる。牛や馬もいる。山や川へ行くこともできる。気分がまぎれることがたくさんありますがな。

女郎には、それがない。男の臭いが残っとる部屋に、一人で寝起きする日もあるんだわの。男が一緒なら、よほど嫌な男でなければ、まだましさ。お茶をひいて一人でいるのがたまらんときがある。かといって、外へは出られん。

猫か小鳥でも飼えればいいんだわの。いまでも、マンションやアパートで一人暮らしの女がペットを飼うているでしょう。あれも、どこかに満たされんところがあってのことだろう、わかるような気がする。よっぽど動物好きの人なら別だが、ふつうの家庭生活ではペットは必要ないでしょうがの。

それも、遊廓ではできんことでしょう。遊廓では、動物を飼うことはご法度。刑務所と同じですがの。それで、猫の人形を買《こ》うたんです。招き猫や稲荷狐は商売繁盛の守り像でもあるし、部屋に置いといても旦那さん（楼主）やお客さんからとやかくいわれることもないし、女郎の部屋にはふさわしいんだわの。

姫人形やぬいぐるみだって？　そりゃあ、ただの部屋飾りならそれもある。人によったら、三月に雛人形を飾っていたこともありますがの。じゃが、そんなんはあんまり意味がない。だいいち客が喜びませんわの。昔の吉原（東京）や島原（京都）の大《おお》店《だな》での遊びなら別じゃろうが、私がいた娼家《みせ》なんかは一寸間《ちょいま》がなんぼじゃもの、優雅に人形を飾るような部屋とは違いますがの。酒をゆっくり飲もう、なんて客もおらんのですから……。

だいいち、ぬいぐるみ人形なんて昔はそんなになかったですがの。女郎には、セトモノ（陶磁器）の安い人形がにあう。

猫が黒光りしとった？

そこまでいわせるのですかの、困ったな……。

あのねえ、猫でも人形でも抱くでしょう。手でなでて、ほおを寄せてみたり、たまにはアソコに押しつけてはさんでみたりしますがの。セトモノは冷やっとしてつるつるして、当てると気持ちがいいがの。はじめは冷たいけど、当てとると気持ちが鎮まってくる。とくに、女郎はアソコを使いすぎとるし、炎症が慢性化しとるでしょう。セトモノの猫なんかはさんで当てとると、気持ちがいいんだわの。

大人のおもちゃ、とは違う。張型もあったって？　それを使う者もいたかもしれんが、私は、そんなもん使わなんだ。セトモノの猫を当てるぐらいがちょうどいい。そう、そう、セトモノの枕（陶枕《とうちん》）と同じ原理ですがの。

そうですがの、客のなぐさめ者にされた女郎が、セトモノの猫をなぐさめものにするんです。

やっぱり、みじめなことだったわの。じゃが、そういうこともあったという話。遊廓という刑務所暮らしをした女でないと、こんな話はでてこんでしょう……、の」

脇田ヨシさんの口調は、お秀さんなどに比べると激しい。名古屋弁の語尾の強さに手ぶりが加わって、にぎやかな雰囲気がある。それが、悲しくも淫らなはずの話を奇妙に明るくする。

うすうす想像しないでもなかったが、彼女の告白は、私には刺激的であった。「成駒屋」の残存民具を手がかりに遊廓世界の探索をしてきたが、最後に残った人形・玩具類から生じたこの話題こそ、娼妓たちの心情をもっとも如実に物語るものではなかろうか。

それにしても、時間というのは酷でもあるが尊いものである。

かつては、怒りや怨みや恥ずかしさを伴って自分の胸の内にだけ秘め、けっして口外しなかったはずのことまでが、時間を経ることである種の浄化作用を受け、さほどの感情を伴わない言葉となって吐露されてくる。感情の激しさが減っただけ、事実の重みが増してくる。

その時間のうちに、一人の元娼妓の〝その後の人生〟がまた堆積しているのである。

遊廓を離れてのちの流転

「私が中村遊廓にいたのは事実じゃし、もういまさら隠しだてするようなことではないです。そう、紫水楼で五年、最後は一力に移って二年ほど。

私は、昭和三三年に身を引いてもろうた。遊廓のなくなるちょっと前でした。相手は岐阜の下呂《げろ》温泉のあたりに山林をたくさんもっている材木商だった。当時はまだ外材が入ってこない時代だったから、材木商っていうのはものすごく羽振りがよかったですわの。私はそこの後入《あとい》りに連れていかれたのさ。

その家は、岐阜の金津《かなづ》（市内）にあった。表に杉だの檜だのがたてかけてある大きな店だったです。私は後入りとはいっても、店にはまったく出してもらえなんだ。もちろん、家族にも店の者にも私が遊廓あがりだということは知らされていなかったわの。その旦那は三年越しの私のなじみ客だったんだが、私にしてもそんなこと、おくびにもだせんですがの。

その家には、当時中学生の男の子を頭に四人の子どもがいた。いちばん下が幼稚園で五歳だったです。男の子が三人で、女の子が一人。

あとで思うてみると、その旦那は、どうも私を女としてではなくて、丈夫な働き手と見込んで後入りにしてくれたらしいね。私は、たしかに遊廓の仲間のなかでも丈夫でした。病気らしい病気をせなんだもん。じゃから、朝から晩まで働くことはちっとも嫌でなかったし、遊廓から足が洗えるならそんな幸せなことはないと思うて、旦那には感謝したよ。

その家では、店にこそ出してもらえなんだが、あとは家のなかの仕事も子供の世話も全部まかせられていた。月々の家計費をもらってやりくりするのも私の仕事じゃった。

掃除、洗濯、食事の世話、育児と、全部まかせてもろうたが、私が旦那に抱かれたということはほとんどなかったです。抱かれても、粗末にしか扱われなかったなあ。旦那には、やっぱり私が女郎だったということへの蔑《さげす》みがあったんだろうね。男は、何でああも女の操《みさお》とか過去にこだわるもんだかね……。

それじゃから、結局のところ、私は主婦代わりというよりも女中代わりとして迎えられただけなんだろう。最後まで戸籍にも入れてもらえなんだしね……。

旦那は外でさんざん遊んでいたですがの。そりゃあ私より女として魅力のある人はいっぱいおるんだし、仕方ないでしょう。よそへ別に女を囲っているということも知ってたけど、私にはそんなことはどうでもよかった。遊廓の暮しに比べれば、そりゃあ幸せじゃったもの。旦那に感謝して、よく働いたもんじゃわの。

これ、ほんとうのことですがの。

もともと私は働くことが好きで、岐阜の山のなかで百姓仕事や山仕事をしてた貧しい家に育ったもんで、娘時代はずっと山で働いとったもの。自慢じゃないけど、女の日当が男の半分だったころに、私は七分の日当をもらっていたよ。そもそも旦那と知り合うたのも、遊廓に来てた旦那に私が最初に振《ふり》でついたのが、山の話で意気投合してね、それからなじみにしてもらったのさ。

家に入れてもらってからの十何年間は、さほど波風のたつこともなく、平穏にやってきたわの。それなりに幸せだったと思う。ところが、いまから一二、三年前に旦那が死んじまってね。そうなると、やっぱり家には居づらいもんで……、やっぱりねえ、肩身がせもうなるわの。

子どもたちはもうすっかり成長して、上の二人は嫁をもろうとった。旦那がいるうちはよかったが、いなくなってしまうと、やはり赤の他人の私に対しての反発とか遠慮とかが出てくるでしょう。それで結局、私がその家を出るしかなかったんですがの。それでもいちばん下の子は、とくに小さいころからずっと手がけてきとったから、私と離れることを嫌《きろ》うて、お母さんの面倒は僕がみるからずっといてくれ、といってくれたんだ。でも、どこからどう話が伝わったのかはわからんけど、上の子どもたちは私の前歴にうすうす気がついていたようで、店を継いだ長男が私に家を出てくれといった。それで、私としても仕方なく、わずかばかりの金をもらってその家を出たんです。

それからが、またたいへんだったんですがの。その金で借家を借りて、近所の子守をしながら何とか食いつないできたんだが……」

ヨシさんの人並みに安らいだ家庭生活は、もろくも崩れた。

「まあ、私のような女が、人並みに家族にみとられて成仏《じょうぶつ》できるなんてことは、夢のまた夢だったんでしょう……の。

いいたくはないけど、所詮は女郎あがりだもん……。子どもたちから冷たく離縁されてからは、やっぱり世間にそむいてひがんでしもうたがな。それでも、やけっぱちになるほど若くもなかったし、ちょっとのあいだでも幸せな夢をみせてもらえた、と諦めることにしましたがの。

ちょうど、そのころのことでした。名鉄デパートの地下で、中村（遊廓）のころの友だちにばったり会《お》うた。ふつうならそんなことないんだけど、目線をかわしても言葉をかけることはないのじゃが、そのときはどういうわけか挨拶をしちゃって、お茶でも飲もうということになったんですがの。

その人も売防法以後、いろいろと苦労したようじゃった。それで、結局、いまも売春の世界から抜けきらんというていた。私からあまり聞いては悪かろうと遠慮したんだがの、本人は、あまりこだわっていないのかようしゃべってくれた。

遊廓を出た女には、ひとつのきまった流れ方があるんです。まずキャバレーやサロンにつとめて、何やかやの理由があってそこでときどきに男に体を売る。若いうちはそれでいいんじゃが、だんだん年齢《とし》をとると客がつかんようになる。いくら暗いところで話したりダンスを踊ったりしておっても、年齢はばれますがの。そうそう隠せるもんじゃないです。客にしたら、ひとつでも歳の若い娘《こ》の方がいいだろう。昔の遊廓だってそうだった。張店に出てる娘でも、きまって若くてピチピチした娘から順に客がついたもんじゃわの。女は、歳をとればとるほど、値うちがのうなる。

それで、キャバレーやサロンで商品価値のなくなった女が次にどこへ流れたかといえば、ダムの建設現場とか埋立地や炭坑の飯場《はんば》。大きな飯場があるところには、だいたい飲み屋が何軒もできたもんで、そこにはまた何人もの女が抱えられていたわの。女給というか、まあ夜の女ですの。そういうところは昔の軍隊と同じで労働者の性欲がたまっているから、年齢や顔の造作なんてどうだっていい。女であればいいんだ。相当のおばさんだって商売ができる、というもんですがの。

どうやら、その人もそういう流れ方をしたらしい。それでもしばらく前からは、さすがに流れ歩いて商売をするのがきつうなって、名古屋の駅裏で立ちん棒を仕切るようになったということじゃった。

それで、あんたも暇があるんなら、ときどき出てきて私と交代でそれをやってみないか、という。

最初は私も、いまさらと思ったんだが、旦那の家を出るときにもたされたわずかな金と子守の給金だけではやっぱり不安ですがの。年齢《とし》も年齢だし、いまさら田舎へも帰れない。帰ったところで身寄りもないしね。それでいまのうちにそれなりの金をつくっておかなければいけないという気持ちで、その人と一緒にいまの仕事をすることにしたんですがの。

立ちん棒をやってる連中は、それぞれにいろんな過去をもっている。上等な生まれの者はおらんし、頭がいい者もおらん。まともに世間から相手にされんような女たちが集まっている。類は類を呼ぶ、とはよういったもんですの。そのなかで、まあ年かさで声の大きい私らが姉さん格でまとめ役をするようになる。親のこと、子どものこと、みんな何やかや問題をもってくるんじゃわの。

たしかに私らのしていることは法には触れるが、まあ弱いものが何人かずつかたまってそういうことをしてるのも、生きるために仕方のないことだと思うんだわ」

私は、こうしたヨシさんの述懐を信じることにした。

傾城《けいせい》の恋はまことの恋ならじ　金もってこいがほんとの恋なり

この世界では、真実の心は聞きにくい、という。たしかに娼妓たちは、その人生を嘘で塗りかためて語る傾向にある、ともいう。しかし私は、ヨシさんを信じることにしたのである。私との約束の時間の数分前、じれったそうに足踏みをしながら信号を待ち、横断歩道を不格好《ぶかっこう》に走り渡り、額に汗しながら息せききってやって来る彼女の姿を見たとたん、私は、ヨシさんの話を疑うことを忘れてしまったのである。

――いま、この稿を起こしながら、私はある危惧を抱いている。

名古屋駅裏の街娼は、現在も存在しているのだ。私が、脇田ヨシさんに会って取材を行ったのは、いまから数年も前のことである。いまは、もう彼女の姿はない。例の三角布の女もいない。が、彼女たちの仲間とおぼしき何人かの女性が電柱や建物の影に認められるのである。

何度もことわっているように、私は、売春を是認するのではない。しかし、そこにも、ささやかでひたむきな人生が存在する。ヤクザさえその稼ぎを黙認する彼女たちに、私の筆が原因であらぬ迷惑が及ばないよう、私は願わずにはおれない。

終章　遊廓の終焉

遊廓が廃絶されてから、もう三十数年が過ぎている――。
昭和三三（一九五八）年四月、「売春防止法」（制定は昭和三一年）が全面的に施行された。
その総則には、以下のようにうたわれている。

第一条　この法律は、売春が人としての尊厳を害し、性道徳に反し、社会の善良の風俗をみだすものであることにかんがみ、売春を助長する行為等を処罰するとともに、性行為又は環境に照して売春を行うおそれのある女子に対する補導処分及び保護更生の措置を講ずることによって、売春の防止を図ることを目的とする。

第二条　この法律で「売春」とは、対償を受け、又は受ける約束で、不特定の相手方と性交することをいう。

第三条　何人も、売春をし、又はその相手方となってはならない。

そして、売春の勧誘や周旋（つまり、ポン引き行為）、売春目的の前貸しや場所貸し

（つまり、管理売春）などに対して刑事処分が定められた。

ただしこの法には、売春行為そのものに対する処罰規定がみられない。そこに不透明な部分のあることは否めないだろう。

そして、売春は裏街に潜在して残続することにもなった。

売春防止法（以下、売防法）の現実は、ご多分にもれずザル法であった。それは、明治以降、同種の法令が幾度となく制定され、その都度改正されてきたという歴史的事実からして、当然の結果といえるかもしれない。とくに、売防法の施行当時、売春婦の更生についてどれほどの配慮がなされたであろうか。その対策をせずして売春反対も何もないだろうに、いまにして思うと、それはまことに不十分なものであった。

そういわざるをえない形跡がある。

まず、愛知県の売春防止対策本部が、昭和三二年一一月から一二月にかけて中村遊廓の娼妓を含む県下の従業婦一二五五人（その大半が二一歳から三〇歳までの女性）を対象に行った調査の結果からみてみよう。

それによると、帰郷先について親元と答えた者が七二パーセント、知人の元というのが七パーセントで、ともかく大半が帰郷を希望している。しかし、帰郷先がないという者が八パーセント、あっても帰る意志がないという者も一パーセント近くいる。

ちなみに、彼女らの出身地は、県内がもっとも多く六〇九人、次いで九州が二五九人、以下、東北二二二人、関東二〇九人、三重一一四人、岐阜一〇七人と続く。

希望する転業職種は、旅館や飲食店の女中が二二パーセント、工員七・三パーセント、芸者六パーセント、店員四・九パーセントという順で、六〇・五パーセントが住みこみを希望。また、その就職希望地は、名古屋市内が三四・八パーセント、県内二〇・二パーセント、本籍地二一・三パーセントとなっている。

希望給金は、月一万円前後がもっとも多い。これは、当時の一般的な賃金と比較すると予想外に低い金額とも思われる。が、扶養しなければならない家族がいると答えた者も少なくはない（三六・八パーセント）ものの、その必要なしという者の方が多く（六〇パーセント）、とりあえず自分一人の生活をたてられる額としてそのあたりに落ちついたのであろう。ちなみに、それまで扶養家族のある者の送金額は月額平均一万円が三四・三パーセント、五〇〇〇円が二六・二パーセント、三〇〇〇円以下が一八・七パーセントであった。

さて、そうした希望はともかく、売防法以後の彼女らの生活の実態はどうだったのだろうか。

名古屋市内の従業婦を例にとると、一七一六人のうち八割までが帰郷したり他に転出している。そして、残りの三八〇人余りは、そのままかつての営業主のもとにとどまった。その内訳は、転業業種未定のところにいる者が一八〇人、料理屋に八九人、旅館八五人、飲食店二二人、芸者置屋一二人、となっている。中村遊廓だけのデータは残念ながら見あたらないが、だいたいその数字の三分の一とみればよいだろう。

ともかく、この結果だけをみれば、ほぼ彼女らの希望どおりに動いているように思われる。しかし、問題は、帰郷せずに残った従業婦のその後である。

当時、県警保安課では、そうした残留組は、再び売春の可能性があり、また〝偽装転業〟の温床となりやすい、と危惧《きぐ》した。

しかし、それに対する具体的な対策は何もだされていない。

そこで、性懲《しょうこ》りもなく売春を続ける者が跡を絶たなかった。

なかでも、生活苦から再び元の生活に戻るケースがもっとも多かったようだ。娼家《みせ》からの前借金については、売防法の制定により法的にいっさい無効とされたため、その返済からは解放されたものの、外借金（遊廓出入りの行商人から購入した品物の代金）

の返済が相かわらず彼女らを苦しめていた。ちなみに、先の調査では、三一・三パーセントが外借金あり、と答えている。ここでいう外借金がいかに彼女たちの身を拘束したかについては、すでに述べたとおりである。

外借金の返済に加え、家族への送金が必要だった者の生活苦は想像にかたくない。たとえば、当時、転職して旅館や飲食店に勤めた女性の場合、日給は平均二〇〇円足らず。月額にしても六〇〇〇円にしかならない。それでは、送金はおろかアパートの家賃もままならないというのが実情であった。その結果、営業主公認で不特定の客を連れこんだり、閉店後、独自に売春するというケースが相つぐことになったのである。また、芸者に転向した者も、お座敷に出たところで三味線ひとつも満足にひけず、芸だけでは十分な収入は得られない。結局、枕芸者として生きていくしかなかったのである。

こうしてみると、売防法を機に自由を得たはずの彼女たちが、実際はそれまで以上の辛苦をなめる結果ともなった。そして、彼女らが行きついたところは、やはりもっとも安直な売春という道だったのである。

こうした女性の更生をはかるための機関としては、婦人相談所や保護寮（更生寮）

があった。それらは、いわゆる廃娼運動が主として宗教団体を中心に行われていた明治時代から存在していたものであるが、それが売防法を機に、新たな充実がはかられることになったのである。とはいえ婦人相談所は、各県に最低一カ所の設置が義務づけられたものの、保護寮は任意設置であった。つまり、建設費の半分は国が負担、あとは各県の必要に応じて建てる、というものである。そのため、当初は、たとえ一〇〇万や二〇〇万でも県費を投じる施設、しかも利子を生ない施設への投資を敬遠する県が多く、全般的に建設意欲は低調だった。それでも、数年がかりでようやく全国六十数カ所の設置にまでこぎつけた。しかし、施設は整ってもそこを利用する女性はきわめて少なかった、という。施策面で、何かの配慮が欠けていた、といわざるをえない。

かつての主人たちから刑務所のようなところと吹きこまれ、小金を持ち、昼間のない生活を送ってきた女性たちは寮を毛ぎらいしている。窮屈な暮しで、しかもそろばんにあわない。おまけに相談所や寮に入るためには窓口から窓口へと、印鑑を持って歩く手数がかかる。役人と顔をつき合せるのもおっくうなのだ。そ

んなこんなで入寮者はいまのところ千人に二十五人の割合。（中部日本新聞、昭和三三年四月一日）

ちなみに、さきの愛知県の調査によれば、生活指導希望せずと答えた者が八三・三パーセント、更生施設を希望せずと答えた者は九七・六パーセントにも及んでいる。保護寮の無断退寮も跡を絶たなかった。同調査では、その数は約二一パーセントとある（他に就職が約一八パーセント、転寮が約七パーセント、結婚は約三パーセント）。

彼女たちの更生は、いかにせよたやすいものではなかった。たとえば、以下に記すのは、名古屋市の婦人相談所を退所した二人の女性のケースである。

乙村梅子（十七歳）新制中学中退、警察の防犯少年課から廻されてきたもの、未成年であるが体が大きくどこへ行っても大人と見誤られる。それを幸に熊本、奈良、岡山、大分など転々としており、児童相談所、救護院、少年院も経験ずみ、各地で三万から五万の前借をしておき、いや気がさせば警察に泣きつく。そして業者は児童福祉法違反で検挙され彼女は救われる。こういう悪質なものが法に保護されて次々と悪事を働くということはいささか腑におちぬ。婦人相談所で旅館の女中に世話し、衣類を何一つもたなかったのでやがて婦人更生資金の支度金を借りて支払わせることにして、着物や帯をととのえて働かせたところ、むずかしい行儀作法はできない、帯をしてお膳を持って二階を上ったり下りたりするのは苦しくてたまらぬとて、二日でその旅館をやめて婦人相談所に帰ったが、それから更に二日後にはいずこへか逃げて行った。相談所では新しく作った着物の処置に大困り。

丁山松子（十九歳）新制中卒、未成年であるが、この娘もなかなか立派な体格の美少女、元関西地方の紡績女工として働くうち転落する。三重県の婦人相談所から移送されて来たもの。実父を呼出して引渡したが、その引渡しまでが、なかなか大変だったとのこと。本人は絶対に郷里には帰らぬ。家に帰るより死んだがましだと駄々をこねて、父の姿を一目見るなり、はだしで逃げて出た。相当時間が経過して父はもう帰った頃と思って相談所に戻ってきたので、うまくだまして父に逢わし、所長と父とで説得するが帰ろうとせぬ。父親が「お母さんはお前のことが心配で病気になり寝込んでいるが、早く一目お前に逢いたいと、毎日泣きつづけている」と涙を流してたのんで、その父の涙に動かされて帰ることになり、相談所の職員が荷物を持って、バスの発着所まで見送ってやった。ところが三、四日後にはもうK市内の元青線地区をうろついていたという。どこかで、もぐって売春しているとの噂、その後婦人相談所には寄りつかない。(『婦人の保護』昭和三三年六・七月号)

売防法の実施によって、元娼妓たちは遊廓を離れ、社会という荒海に出ていった。保護寮などの寄港地はあったものの、それが孤独な航海であったことは間違いない。そして、いわゆる堅気《かたぎ》の生活をめざして自力で航海を続けられた者はごく少なく、ほとんどが難破して、悪徳な業者やヒモに誘われ、あるいは自らの半端な意志で、元の世界にもどっていったのである。

脇田ヨシさんも、いちどはかち得た家庭生活を捨て、また売春に関係することになった。

売春防止法──それは、遊廓を廃絶することはできても、売春を廃絶することはできなかったのである。誰が悪いのか、それを問うてみても仕方ないのかもしれない。人類普遍の〝性〟の愚かさのせいにするしかあるまい、と思える。

遊廓世界はすでに崩壊した。いままたその世界に生きた人たち、本編でご登場願ったお秀さんやヨシさん、それに川瀬翁などの人生も終焉《しゅうえん》に近づいているのだ。

――また、名古屋中村のソープランド「新金波」の帳場控室で。

お秀さんが目を細めて煙草をふかしながら、ゆっくりとした口調で語る。

「そうだわの。年々、遊廓を知る者《もん》が少なくなっていますわのう。あんたは、それでもよかったんじゃあないかい、ヨッちゃんにも会うて話が聞けたんだから……。まだ、ほかにも聞き足りないことがあるのかい。ヨッちゃんがいったこと、そりゃあ全部たしかかどうかは疑えばきりがないけど、正直に話してくれたはずだわの。もう、時効だもん。

もう、あんたもいいんじゃありませんか。よくやったよ。何年になるかね、へえー、一〇年もか。あんたも、よう通うてきてくれたね。ごくろうなことでした、ほんとうに……。

私の考え……？　あらためてそういわれると、答えに困るがね。こうして現にお風呂屋をやってきたんだもん、何だかんだといえる身分じゃあないですがの。

それでも、こう思う。

売春は、たしかにようないことだろう。身を売る娼妓《こども》の立場でみると、幸せではないかもしれん。偉い議員さんや学者さんがそうだといいなさったんだから、もう日本では売春が公認されることもないだろう。

私らは、ばかな判断をしたもんだ。そう、あの売防法がでたときにさ、きっともういちど遊廓が生まれかわるときがある、としたんだから。もう、そんな時代がくるはずはないがの。

それでも、その判断が全部間違ってはいなかった、とも思うとる。遊廓は廃《や》めても、売春はなくならん。男と女がいるんだもん。

ほかに稼ぎの道をもたん女は、どうすればええのじゃろうか。理性や道徳で性欲を抑えることができん若い男は、どうすればええのじゃろうか。家庭や学校で、そのあたりが教育されるんじゃろうか。私には、わからんわの。

このごろ、ホテトルとかいう売春婦がよう殺されとるじゃろ。学生運動とか赤軍とか、若い者が殴りあいや殺しあいをしとる。私らには、理屈はわからん。ただ、犬畜生のようなことがあっちこっちで起きているように思うだけですがの。

あんなこと、遊廓があったら起きん、とはいわんが、昔の世の中の方がおおらかだったように思えるわの。不当に金を稼ごうとする者がいるから悪かったんで、遊廓そのものは、それはそれで何人もの不幸な女性たちがそれなりに生きるところではあったわの。私は、女郎がホテトルのように客に殺されたなんてことは知らんのだわの。

あんたは、もう何を書いてくれてもかまわん。私の店の名前も、私の名前も出してくれていい。あんたも、ここまで頑張ったんじゃもん、私の気持ちもくんでくれたんだから、遠慮はいらん。それで、もう私が営業停止にあうこともなかろう。私は、これまでもあこぎな商売をしてきたつもりもないし、同業者といさかいも起こさなんだ。もうこれ以上に商売を続ける気ものうなった。

あんたと、ポロポロ話をして、私も店じまいの記念になってよかったわの。こんど来なさるときは、たぶん店じまいをしているかもしれんが、この建物の裏に住んでいることにはかわりはないし、いつでもいままでどおり立寄ってください。

そりゃあそうと、あんたも最後の記念にいちどお風呂に入っていきやるかの……、ウフフフッフ……」

その日の帰り、名古屋駅で買って新幹線に持ちこんだ『中日新聞』の夕刊に次のような小さな記事が載っていた。

名古屋・中署は十七日までに、同市中村区大門町――、個室付き浴場「I」経営Y子（五七）を売春防止法違反（場所提供）の疑いで緊急逮捕した。

調べでは、Y子は十五日夜同区内、A子（三九）が同区内の会社員（四五）を相手に売春するのに際し、浴場内の個室を提供した。同店を摘発した際、四人の客がいたが、中には四十歳の孫に連れられて来ていた九十三歳のお年寄りもいた（昭和六二年四月一八日）。

あとがき

長かった——というのが脱稿したときの実感であった。

私が、「遊廓」という私にとっての未知で不可解な世界に興味を抱いてから、十数年の歳月が過ぎている。それは、まったくの偶然がきっかけになってのことだったが、「成駒屋《なりこまや》」に残存した遊廓時代の民具類の所有権や入手経路の追跡調査から、遊廓のしくみや娼妓たちのその後の人生にまで関心が転じていって、一時は収拾がつかない状態に陥ってしまった。それに、私は、けっして勤勉な性分ではない。よくいえば、のん気である。したがって、調査がどうにも快調には進まなかったのである。

人の話を聞くことは、むずかしいことである。つくづくとそう思う。とくに、今回のように〝影〟が長く尾をひいている娼妓たちの人生を聞きとろうとすると、時間をかけて相手の気持ちをときほぐしてからでないとかなわないことである。それには、ただ根気が必要なだけでなく、双方の相性のようなものが必要になる。ということは、相手からは当方の人間性が試されることになる。それを進めることは、かなりしんどい作業なのである。うまく話がかみあわなかったときは、たとえば恋人と喧嘩別れをした後のような後味《あとあじ》の悪さを味わわなくてはならない。自責の念にかられる。ついつい、こんなことをして何になるのか、と思ってしまうのである。

そのあたりは、私が尊敬するところの山崎朋子さんが名著『サンダカン八番娼館』で描かれているご苦労があらためてわかる気がする、その意味での追体験でもあった。もちろん、私には山崎さんの向うを張るつもりはなく、山崎さんほどの集中力ももたず、ただのんべんだらりと時間を費やすに等しかった。

しかし、私の興味は失せなかった。とくに、東海道新幹線を利用して移動する機会が多かったので、そのついでに名古屋で途中下車して、かつて遊廓として栄えた中村地区を徘徊することは、いわば習慣化していた。

調査をはじめてからちょうど一〇年ほど経った、いまから四年前、講談社の鷲尾賢也さんから、もうそろそろまとめてみないか、といわれた。私は、有能な編集者の知人に恵まれていることをかねがね誇りに思っているが、鷲尾さんもその一人である。

そして、私は自身を怠け者と認めているので、編集者主導ではじめて著作が成ると、これも十分に認めている。それで、書いてみます、と返事をしたものの、それからがまただらだらと時間を費やすだけであった。

何度も筆を止めたのは、右に述べたように遊廓世界の追跡調査になお手間どっていたのと、書くべきか伏せるべきかの問題調整ができかねるところがあったからである。私が書くことで、情報を提供してくれた方々にあらぬ迷惑が及ぶことは、もっとも戒めなくてはならないことである。かといって、あまり遠慮をすると、その人たちの真実・心情を代弁することができなくなる。遅々として筆が進まないでいるうちに、それを予期していたわけではないが、当事者たちが次々と亡くなったり引退されたので多少とも割切りやすくなったことは、皮肉といえば皮肉な結果であった。

売春については、その是非を論究するのが主眼ではなかったが、そのことも考えざるをえず、結果は堂々めぐりをすることになった。

私は、学生時代から民俗学に興味をもち続けている。

民俗学とは、いろいろに定義づけることができようが、私は、ある地域やある集団が古今共通して共有する「クセ」のようなものである、と平易に解釈している。その流儀にしたがえば、遊廓世界のクセは、「性《セックス》と算盤《そろばん》」ということになろうか。極論すれば、どうもそういうことになる。

それは、ある意味で、われわれ人間生活の根源にふれる問題であろう。思えば、これまでの民俗学関係の報告では、そのことにふれられることはほとんどなかった。人々の暮しを研究対象とするはずであるのに、それは不思議なこと、といわなくてはならない。

私は、きれいごとですます学問の姿勢には不満で批判的であった。汚れたところ、きわどいところもあるのがわれわれ凡人の生活ではないか。私は、そういうところも見のがさないで書きたい、と思ってきた。

しかし、そのことは、やはりむずかしいことであった。書けそうで、なかなか書けることではなかった。私としたら、相当思いきって書いたつもりであるが、まだ、履《はき》物《もの》の上から掻《か》くようにもどかしいところがあるかもしれない。

そうしたときも、鷲尾さんは、よい相談相手であった。実際、鷲尾さんの励ましがなかったら、私は途中でとうにめげていたに違いない。

また、資料の整理作業では、工藤員功・近藤雅樹・指田純子の諸氏にご協力願った。

記して謝意を表わしたい。

平成元年四月八日

神崎宣武

文庫本のあとがき

『聞書き 遊廓成駒屋』を出版（平成元＝一九八九年）して以来、はじめて読みかえした。三〇年近い歳月を実感した。名古屋の中村遊廓を歩きまわり、遊廓の内部を知る人たちから話を聞く、というフィールドワークをはじめてからは三〇年以上が経っている。

ああ、そうだったなあ、と、半ば忘れかけていた情景や証言を思いだす。よくぞ通ったものだ、よくぞ聞きとったものだ。他人事のように、若いときのなりゆきまかせの、それゆえに無邪気な行動とは尊いものだった、とふりかえる。

相手《ひと》に恵まれた。本書に登場いただいた誰もが、話したことは全部書いたらいい、といってくれた。そのところでは、おおらかな時代でもあった。

不思議なことに、どなたの表情も声音も、鮮明に覚えている。これだけは、終生忘れることはないだろう、と思う。

なつかしい、という思いが募ってくる。しかし、皆さんが亡くなった。つい先日、そのなかのひとりのご長男にたまたま会った。父上の三十三回忌を昨年すませた、という。

文庫本に再録するにあたって、あらためて皆さんにお礼を申しあげたい。そして、この小著を皆さんのご霊前に奉げたい。

この種のテーマをとりあげて書く、ということは、むずかしい、と、あらためて思いもした。事例の扱いや言葉の表現が適当でない、と思われることもあろう。

たとえば、「売春」という言葉である。社会史や女性史を研究する人たちからは、「買春」というべきだろう、という議論が生じた。また、文筆家のあいだからは、「売買春」という表現が適当ではないか、という意見もでた。なるほど、そうでもあろう、と私も思った。

しかし、本書は、売春のままで通している。昭和という時代の慣用語として、そのままにした。

売春、という行為については、倫理として許されるべきものではない。男女ともに、人倫にそむく行為である。私は、その立場を忘れたことはない。

ただ、史実は、倫理とは別な機軸で展開している。売春が合法の時代もあった。非合法でも、おおむね黙認の時代もあった。そうした時代のもとで装置化された。そこに、多くの男女が集《すだ》き、さまざまな人生を費やした。私は、それも史実として正当に認めなくてはならない、と思ってきた。そして、そう書いてもきた。

じつは、講談社から初版を出した直後にも、ある女性団体から、売春を是認しているのではないか、という抗議がきたことがある。そのとき、編集者の鷲尾賢也さんが、自分にやましさがなければ平然としていろ、と叱責してくれた。そして、出版社として対応する、ともいってくれた。そのことを思いだして、今回の手直しも最小限にとどめた。

以後も親友としてつきあいを続けていたその鷲尾さんも、一昨年亡くなった。鷲尾さんのご霊前にも、今回のちくま文庫での出版を報告したい。

この文庫本の校正をしながら、ええっ、と気づいたことがある。

「参考文献」の一覧ページを設けていないことである。近年の著作からはありえないことだが、そのころは、それも許されたのだ。そこで、一覧リストを作成して追加することも考えた。が、説明すれば長くなる内輪の事情があって、当時の資料が確かめにくくなっている。必要なところでは、文中で出典をあげているので、これもそのままにした。

なお、法律や条令の出典については、文中でもことわっていない。警察庁保安部防犯課編、あるいは防犯企画課・保安課監修の法令集（法令基準集）とか条例集とかが時どきに出ているので、それらにもとづいている。それらの注記は、慣例にしたがって省いた。

文献資料について、忘れられない思い出がある。

私は、学生時代からのち約二〇年間、宮本常一（一九〇七～八一年）のもとで民俗学を学んだ。文中でも少しふれたが、先生は、民具の調査研究に励むよう指導してくれた。それからのち、私は、やきもの行商からテキヤ社会に興味を転じた。さらに、盛り場に興味を転じた。遊廓は、その盛り場の一例でもあった。

先生は、そうした私のうさんくさくもある変化を、どのようにみていたのか。一度として、やめておけ、とはいわなかった。ただ、あいつは儂《わし》のいうことを聞かん、と、どこかで話したということを人づてに耳にしたことがある。

そんな先生が、あるとき、風呂敷に包んだ書籍を運んできて、「これを、おまえにあずけるよ」。遊廓に関係した書籍であった。本書でもとりあげた平安病院（京都市）での娼妓検診の報告資料も、そのなかの一冊であった。

そのとき、先生は、「儂も、やっておかなくてはならんテーマ、と思うていた。じゃが、女房がこわくてな……」と、笑っていた。その顔が、いま妙になつかしい。因縁めかして語るつもりはないが、私は、宮本常一の委託を少しではあるがこなしたのかもしれない。初版のときは思いもしなかったことが、現在《いま》、胸に浮かぶ。そうした雑感がほとんど脈絡もなくわいてくることが、三〇年もの歳月、ということなのかもしれない。

このたび、筑摩書房の青木真次さんが、文庫化をすすめてくださった。これも、よいご縁をいただいた、と感謝したい。

なお、井上理津子さんには解説文をいただいた。『さいごの色街飛田』（二〇一一年、筑摩書房）の著作をおもちで、女性の眼で現代の女性・色街を観察した名著である。

光栄なこと、と謝意を表したい。

平成二八年一〇月吉日

神崎宣武

解説　遊廓に生きた人たちと

井上理津子

先般、ある社会学者と話しているとき、こんな言葉が飛んできた。

「あなたたちライターは書くために調べるが、我々研究者は調べてから、いや、調べ尽くしてから書く」

う〜ん、言われてみるとそうですね、と応じた。でも、研究者の著作は前提とする知識のハードルが高かったり、難解な言葉があったりしますよね、などとあのとき反論せずによかった、と『聞書き　遊廓成駒屋』を拝読して思った。

神崎宣武先生は、研究者なのに見事なのである（すみません、こんな書き方をして）。名古屋・中村遊廓の娼家「成駒屋」に残された生活用品から、かつての遊廓の有り様を解いていく様をつぶさに描いた本書は、入り口のハードルも低く、難しい言葉も出てこない。名古屋に土地勘のない読者も、遊廓にさして関心のなかった読者も、必ずや引き込まれること必至だ。研究者然とはまったくしていないと察して余りある神崎先生のお人柄と同じく、穏やかな筆致で綴られた文章は妙々の一言に尽きる。その中に、きりっとした独白も込められ、私なぞページをめくりながら思わず「おっしゃるとおり」「私もそう思います」と何度つぶやいたことか。

たまたま時間があって名古屋駅裏を歩いていた神崎先生が、かつての中村遊廓の街区に入り込み、「成駒屋」が取り壊されかけているところに出くわす。ご専門の民俗学的興味から、その建物の中に「宝ものが埋っている」と、いわく「ひどく興奮」し、中を見せてもらったばかりか、廃棄処分される直前の約八〇種、四六〇点の民具を即座に運送屋に頼んで東京に運んでもらった――と、のっけから「行動する学者」ぶりに驚かされるが、これが端緒である。

収集した民具は緻密に整理される。ひとつひとつの用具を計測し、写真撮影し、形態や素材の特徴、用途や使用年代などのデータを収蔵カードに記入するのだそうだが、もはや所有者も使用者もわからない「成駒屋」の用具には情報がない。情報がないから追跡しよう。うまい具合に知り合った中村遊廓の他の娼家の元「仲居」のお秀さんを主たる語り部に、十年もの謎解きの旅が始まる。私たち読者は、神崎先生にくっついて、一緒に旅させてもらう。

私にとっては「なるほど」という納得と、「そんなにも」という驚きの連続だった。

ここに、二つの想定外だったことを挙げたい。

一つは、娼妓の「見栄の贅沢」について。

「成駒屋」の二階の九つの「女郎部屋」にあった枕屏風と衣桁と脱衣籠の三点は、ほとんど同じ形態のものだった。「ということは、一括して（楼主が）購入したもの」と想像できる、と神崎先生。なるほど。一方で、木綿布団が多い中、上等な絹布団が置かれた部屋もあった。瀟洒な姫鏡台や赤絵の火鉢、水屋には織部の抹茶茶碗や夫婦茶碗まで散見した。分を過ぎたものを娼婦が持っていたのはなぜか。

「女の見栄ですがの。娼妓同士《こども》が見栄をはりあう。とくに、なじみのお客ができると、何かしら部屋を飾ろうとしだすもんなんですの」とお秀さんが明かす。

娼妓が「女の見栄」で自ら購入したものだったのだ。その背景に、娼妓が物品を購入すると楼主が中間搾取でき、娼妓の借金が増える仕組みがある。それは遊廓の「常識」として知られることではあるが、当事者たちがあっけらかんとこう説明したとは。

「買い物だって、勝手にさせるわけがないわの。（中略）出入りの商人がいて、それから買うんだわの。買わせる、といった方がええかの。そこに、女郎屋の親父《おやじ》のうまみがありますんじゃがの」（お秀さん）

「（瀬戸物の）値段が、だいたい倍とか三倍とかになる。そうじゃよ、先方の主人なり番頭なりとワシが談合しとるわけじゃが、その利ざやを折半して懐にいれるんだわの。女郎はなにも知らんで高い品もんを買わされるわけだ」（瀬戸物の行商人）「なんともむなしいことだが、そこに（娼妓たちの）ある種の優しさがあるようにも思える」と、神崎先生のため息とも微笑みともつかぬ一文がやんわりと胸をさす。

もう一つは、薬品と医療器具について。「成駒屋」にはおびただしい数の薬品類と下の検査に使う器具が残されていた。神崎先生は、お秀さんから「娼妓が下の病気になっても、少々のことでは医者にかけずに、素人療法が行われていた」旨の証言を得て、薬品類の解明に乗り出す。

医学博士が、薬の中にマラリア専用の解毒剤が含まれていることに気づき「これは、えらいことだよ」と興奮する。それらを掛け合わせて投薬すると、ショック作用による高熱が出て、梅毒や淋病の病原菌を一時的に抑えるのだという。「検査をパスするために、故意に高熱を出す工夫をしたということは想像できますな」。驚き、あきれる医学博士の言葉がある。

マラリア専用の解毒剤が、なぜ遊廓にあったのか。医学博士は「戦争中であれば入手が可能であったのかもしれない」。お秀さんから「軍医あがりのもぐりの医者がいた」と教えられる。後に、神崎先生はひょんなことから元「偽医者」との対面がかなうのである。戦争中に軍隊の医療班にいて、外地で軍医の補助をしていた人だ。その人は「性病検査のとき、病気にかかっている女にいかに血液検査で陽性反応をださせないようにするかということはやりました」と語る。語りたくないことを、語ってしまおうと思った人は強い。「一般の常識では考えられないような療法をやっとりました」と淡々とした口調が続き、読むうち心臓の鼓動が速くなる。

元娼妓、立ちん坊、口入れ屋、出入り商人、偽医者……。本書に登場したほとんどの人は、今はもう鬼籍に入っておられることだろう。神崎先生、よくぞ書き残してくださいました。そして、よくぞ文庫本化されました。と、大きな拍手を贈りたい。

失われゆく光景に郷愁だの、建築の粋だの、近頃、妙に「遊廓好き」な人が多いようだが、まず本書を読んでもらいたいと願ってやまない。

遊廓の中や周縁に与えられた運命を享受して生きた人たちの暮らしは、現在の視線で見ると残酷であっても、彼ら彼女らは一心一意であったと。本書は静かに語りかける。そこのところを踏まえてこそ「遊廓というもの」への理解なのだと思う。

（いのうえ・りつこ　ノンフィクションライター）

本書は、一九八九年六月に講談社より刊行されました。

ちくま文庫

聞書《ききが》き 遊廓成駒屋《ゆうかくなりこまや》

二〇一七年一月十日 第一刷発行
二〇二一年三月二十日 第二刷発行

著 者 神崎宣武（かんざき・のりたけ）
発行者 喜入冬子
発行所 株式会社 筑摩書房
東京都台東区蔵前二―五―三 〒一一一―八七五五
電話番号 〇三―五六八七―二六〇一（代表）
装幀者 安野光雅
印刷所 中央精版印刷株式会社
製本所 中央精版印刷株式会社

ISBN978-4-480-43398-5 C0139